AF791909

Glück für Einsteiger

Glück kann man lernen!

Alexander Stern

ZEBRABUCH

Glück für Einsteiger

von Alexander Stern

Dieses Werk entspricht der aktuellen amtlichen Regelung der deutschen Rechtschreibung vom 1. August 2006.

Redaktion Sibille Friedrichsen

Umschlaggestaltung Ute Knüsting

Cover-Foto © tiptoee - Fotolia.com

Druck und Bindung BOD

ISBN: 9783864270529

www.zebrabuch.de

INHALTSVERZEICHNIS

WORUM GEHT ES?

Jeder Mensch wünscht sich Glück! Schließlich ist Glück das schönste Gefühl der Welt.

Glückliche Menschen strahlen nicht nur vor Glück, sie ...

... sind gesünder.

... leben länger.

... sind attraktiver.

... erfolgreicher.

Kurz: Glückliche Menschen fühlen sich einfach besser!

In diesem Buch geht es um Glück: Darum, wie man glücklich wird und es auch bleibt. Sie werden sehen: Glück hat nur wenig mit materiellem Wohlstand zu tun.

Ganz im Gegenteil, Untersuchungen zeigen, dass in den hoch entwickelten reichen Industrienationen erstaunlich viele Menschen unglücklich oder zumindest nicht glücklich sind. Auf der anderen Seite gibt es Entwicklungsländer, in denen, entgegen jeder Erwartung, sehr viele glückliche Menschen anzutreffen sind.

Es gibt also offenbar etwas, wodurch sich glückliche von weniger glücklichen Menschen unterscheiden. Und das ist nicht etwa Geld! Vielmehr ist es eine besondere Art zu denken und zu handeln, die dazu führt, dass Menschen glücklich und zufrieden sind.

Doch wie sieht die aus? Mit dieser Frage beschäftigen sich Philosophen bereits seit mehr als zweitausend Jahren. In neuerer Zeit befassen sich auch Wissenschaftler wie Psychologen, Biologen, Hirnforscher und Mediziner mit dem Phänomen Glück.

Sie untersuchen Fragen wie:

- ? Was ist Glück?
- ? Wie entsteht Glück?
- ? Wie kann man Glück steigern?
- ? Was behindert das Glück?
- ? Wie wird und bleibt man dauerhaft glücklich?

Mit den Antworten auf diese Fragen werden wir uns in dem vorliegenden Buch beschäftigen. Sie werden sehen, Glück kann man, ja <u>muss</u> man, lernen! Nur die wenigsten bekommen es in die Wiege gelegt.
Alle anderen müssen herausfinden, welche Gedanken und Verhaltensweisen glücklich machen und welche vielleicht sogar das Gegenteil bewirken.

Sie finden hier neben vielen Informationen rund um das Thema Glück Tipps, Denkanstöße und praktische Verhaltensregeln, die erprobt und auch durchführbar sind.

Ich wünsche Ihnen viel Erfolg bei der Arbeit mit diesem Buch, und vor allem: Ganz viel Glück!

Ihr Alexander Stern

WAS IST GLÜCK?

Glück, oder das, was wir als Glück bezeichnen, hat eine Vielzahl von Facetten. Dazu gehören Gesundheit, Freude, Wohlstand, Zufriedenheit, Liebe und noch viele mehr. Fragt man verschiedene Menschen danach, was sie unter Glück verstehen, erhält man sehr unterschiedliche Antworten.

Während einige davon überzeugt sind, dass materieller Wohlstand der entscheidende Glücksfaktor ist, suchen andere das Glück in der Beziehung zu anderen Menschen oder im harmonischen Einklang mit der Natur und mit Gott.

Letztlich lässt sich Glück nicht definieren, wie eine mathematische Größe. Es ist ein Gefühl und Gefühle lassen sich nur schwer in Worte und erst recht nicht in Formeln fassen.

Bei uns in Europa und in Nordamerika wird das Thema Glück zunehmend als wissenschaftliches Forschungsgebiet entdeckt. Die sogenannte Glücksforschung hat zurzeit Hochkonjunktur.
Hier haben vor allem Psychologen, Soziologen, Mediziner und Hirnforscher das Sagen, wenn es um das Thema Glück geht.

Eine allgemein auch im Westen anerkannte Instanz zum Thema Glück ist der Dalai Lama. Für ihn ist die Überwindung negativer Geisteszustände wie Hass, Eifersucht und Zorn durch geeignete Übungen ein Weg zum wahren Glück.

Überhaupt erscheint der Buddhismus vielen Menschen als goldener Weg zu mehr Ausgeglichenheit und Glück. Dies auch, weil er mit dem Hilfsmittel der Meditation einen Weg aufzeigt, wie jeder aktiv zu seinem Glück beitragen kann.

Spiritualität, wie sie in den fernöstlichen Kulturen völlig selbstverständlich zu einem ausgefüllten Leben dazugehört, bleibt bei uns häufig außen vor. Ein Grund dafür ist, die Entfremdung der Menschen von der Kirche als Autorität in Fragen Lebensführung.

Was die tägliche Glückspraxis betrifft, bieten die fernöstlichen Religionen, mit täglichen Übungen zu Meditation und Achtsamkeit, Rezepte, die vielen attraktiver erscheinen als ein abendliches Gebet.

Wussten Sie ...

... dass, das Streben nach Glück sogar in der amerikanischen Verfassung ausdrücklich erwähnt wird?

We hold these truths to be self-evident, that all men are created equal, that they are endowed, by their Creator, with certain unalienable Rights, that among these are Life, Liberty, and the pursuit of Happiness.

(... dass alle Menschen gleich geschaffen sind, dass sie von ihrem Schöpfer mit gewissen unveräußerlichen Rechten ausgestattet sind; dass dazu Leben, Freiheit und das Streben nach Glück gehören ...)

Glück in der Sprache

Der Begriff „Glück“ wird grundsätzlich in zwei unterschiedlichen Bedeutungen verwendet.

1. Glück haben:

Hier geht es darum, dass ein mehr oder weniger zufälliges Ereignis zu unseren Gunsten ausgeht.

Beispiele:

☺ In einer Lotterie gewinnen.

☺ Beim Roulette gewinnen.

☺ Die letzte verfügbare Eintrittskarte für ein Konzert bekommen.

☺ Den Bus/Zug noch knapp erreichen.

In einem weiteren Sinn wird „Glück haben“ vor allem verwendet, wenn es darum geht, einer gefährlichen oder doch zumindest unangenehmen Situation zu entgehen.

Beispiele:

☺ Knapp einem Unfall entgehen.

☺ Beim Abfragen der Hausaufgaben nicht „dran kommen“.

☺ Bei einer ärztlichen Diagnose eine ernste Erkrankung ausschließen.

☺ Den Vortrag vor der Geschäftsleitung doch nicht halten müssen.

2. Glücklich sein

Mit dieser Bedeutung von Glück werden wir uns in diesem Buch beschäftigen.

Glücklich sein beschreibt einen Zustand, der als äußerst angenehm empfunden wird. Wer glücklich ist, empfindet Freude und Zufriedenheit.

Tritt dieser Zustand nur für einen kurzen Augenblick ein, sprechen wir von einem Glücksmoment. Hält er länger an, von einem Glückszustand.

Beispiele:

☺ Das Gefühl, mit seinem Leben zufrieden zu sein.

☺ Das Gefühl, dass das eigene Leben einen Sinn hat.

☺ Das Gefühl, (für andere) wichtig zu sein.

☺ Das Gefühl, gute Freunde zu haben.

☺ Das Gefühl, geliebt zu werden und selbst zu lieben.

Interessant:

Dass dasselbe Wort für Glück sowohl für „Glück haben“, als auch für „glücklich sein“ verwendet wird, ist nicht in allen Sprachen so.

Die Engländer verwenden das Wort „luck“ für das Zufallsglück und das Wort „happiness“ für das dauerhafte Glücklichsein.

Auch im Italienischen (fortuna / felicità) und im Spanischen (fortuna / felicidad) wird das unterschieden.

Dass diese Unterscheidung gerade im Deutschen fehlt, deutet vielleicht schon darauf hin, dass wir Deutschen nicht gerade die Weltmeister im Glücklichsein sind.

Glück in der Philosophie

Die Sehnsucht nach Glück beschäftigte die Menschen aller Epochen. Bereits in der Antike gab es schon eine Diskrepanz zwischen dem Glückslevel, das man ***hatte*** und dem, das man gerne ***gehabt hätte***. Und daran hat sich im Grunde auch bis heute nicht viel geändert. Warum sonst lesen Sie gerade dieses Buch? ;-)

Philosophen aller Epochen haben sich mit dem Thema *Glück* beschäftigt. Leider konnte man sich weder darüber einig werden, was Glück sei, und erst recht nicht darüber, wie man glücklich wird.

Es wurden alle möglichen Theorien entwickelt, die sich zum Teil vollkommen widersprachen.
Die vorgeschlagenen Methoden zum Glücklichwerden reichten von einem Leben als ausschweifende Party (Hedonismus) bis hin zu totaler Askese (Selbstdisziplin und Enthaltsamkeit).

Während die einen hemmungslosen Egoismus für völlig in Ordnung hielten, betonten andere die Verantwortung jedes Menschen gegenüber seinen Mitmenschen und der Gesellschaft als Ganzem.

Ein interessantes Konzept entwickelten die sogenannten Utilitaristen im achtzehnten Jahrhundert. Für sie gibt es zwei einfache Richtlinien für das eigene Handeln.

1. Alle Handlungen sollen sich daran orientieren, dass sie möglichst viel Glück für möglichst viele Menschen bewirken. (maximize happiness)

2. Alle Handlungen sollen sich daran orientieren, dass sie möglichst wenig Unglück oder Leiden bewirken.
(minimize suffering)

Beide Forderungen kann man sicher ohne zu zögern unterschreiben. Ob sie jedoch geeignet sind, dem Einzelnen zu zeigen, wie er sein

Leben im Alltag glücklich (er) gestalten kann, darf bezweifelt werden.

Glück im Buddhismus

In der östlichen Philosophie spielt das Erlangen von Glück auch heute noch eine wichtige Rolle. Hier geht es vor allem darum, wie der Mensch seine Rolle in der kosmischen Ordnung (Dharma) findet.

So geht es zum Beispiel in der buddhistischen Lehre darum, eine fundamentale und befreiende Einsicht in die Grundtatsachen des Lebens zu gewinnen. Aus ihr heraus wird die Überwindung des leidhaften Daseins erreicht.

Der Dalai Lama, das geistliche Oberhaupt der Buddhisten, ist heute eine der weltweit einflussreichsten Persönlichkeiten bei allem, was mit einem glücklichen Leben zu tun hat. Er hat es geschafft, den Buddhismus auch für uns Europäer als *Glücksphilosophie* zugänglich zu machen.

Glück als chemischer Prozess:

Die Mediziner und Biologen unter den Glücksforschern beschäftigen sich hauptsächlich mit den physiologischen (körperlichen) Aspekten von Gedanken, Gefühlen, Stimmungen und Glück.

Sie versuchen herauszufinden, wie Glück im Gehirn entsteht, welche Hormone oder Neurotransmitter (Botenstoffe) dafür zuständig sind, uns glücklich oder auch unglücklich zu machen. Obwohl die Forschung noch am Anfang steht, hat man doch bereits einiges über die Abläufe im Gehirn herausgefunden:

Das physiologische Glück entsteht demnach im sogenannten limbischen System, das auch „das emotionale Gehirn" genannt wird.

Im Einzelnen spielen verschiedene Neurotransmitter und Hormone eine Rolle dabei, ob, wie stark oder auf welche Weise jeder einzelne Mensch Glücksgefühle erlebt.

Endorphine

Endorphine sind Hormone, die wie eine körpereigene Droge wirken. Sie werden deshalb auch als „natürliches Opium" bezeichnet. Endorphine werden nicht nur in Glücksmomenten, sondern auch bei starker körperlicher Belastung und bei Schmerzen ausgeschüttet, um diese erträglicher zu machen.

Serotonin

Serotonin dient der Stabilisierung der Psyche. Für die Produktion von Serotonin wird der Eiweißbaustein Tryptophan benötigt. Diese Aminosäure steckt zum Beispiel in Lebensmitteln wie Sojabohnen, Cashew Nüssen, Haferflocken, Kuhmilch und vielen weiteren. Tryptophan wird manchmal auch als *„natürliches Antidepressivum* (= Medikament gegen Depressionen)" bezeichnet.

Dopamin

Der Neurotransmitter (= Botenstoff) Dopamin ist unter anderem dafür zuständig, die Freude über ein Ereignis quasi vorwegzunehmen und den Menschen dadurch zu motivieren, aktiv zu werden. Es bringt die Vorfreude hervor, die wir verspüren, wenn uns ein angenehmes Ereignis angeboten wird oder in den Sinn kommt.

GABA

Der Neurotransmitter GABA dient dazu, Erregung zu dämpfen und zu beruhigen.

Dieser Zweig der Glücksforschung ist äußerst spannend und die verfügbaren Forschungsergebnisse sind mit in dieses Buch eingeflossen.

WIE WIRD MAN GLÜCKLICH?

Die antiken Philosophen nahmen an, dass jeder die Fähigkeit zum Glücklichsein sozusagen automatisch mit der Geburt geschenkt bekommt. Allerdings erklärt das nicht, warum manche Menschen glücklich werden und die meisten eher nicht.

Mittlerweile weiß man, dass die Fähigkeit, Glück zu empfinden zwar bei jedem gesunden Menschen vorhanden ist, das Wissen darüber, wie man ein glückliches Leben führt, aber erst erworben werden muss.

Genau wie jede andere Fähigkeit muss auch das Glücklichsein erst erlernt werden. Dieses Lernen findet aber nicht etwa durch das Auswendiglernen von Regeln oder gar durch stures Pauken statt.

Stattdessen erlernt der Mensch die Fähigkeit, glücklich zu sein, durch Beobachtung von Eltern, Geschwistern und Freunden. In seltenen Fällen tragen auch Lehrer dazu bei, ihren Schülern neben Mathe und Latein auch etwas darüber beizubringen, wie man ein glückliches Leben führt.

Ermutigend ist die Tatsache, dass das Glücklichsein auch noch als Erwachsener erlernt werden kann. Auf diese Weise kann sich jeder bewusst dafür entscheiden, sein eigenes Glückslevel zu steigern. Allerdings ist das - wie bei allem, was man als Erwachsener lernen will, nicht so mühelos wie bei Kindern.

Wichtig ist aber, dass es möglich ist! Als Belohnung für die Anstrengungen winkt immerhin nichts Geringeres, als ein glücklicheres Leben!

Gibt es Anleitungen fürs Glücklichsein?

Was die Philosophie in mehr als zweitausend Jahren nicht geschafft hat, will jetzt die Glücksforschung endlich erreichen. Sie untersucht seit fast 100 Jahren, was glückliche von unglücklichen Menschen unterscheidet.

Ein Ziel ist dabei, typische Denk- und Verhaltensmuster glücklicher Menschen herauszuarbeiten.
Die Idee: Wenn man herausfindet, wie es glückliche Menschen schaffen, glücklich zu sein und zu bleiben, kann man dies auch den weniger glücklichen beibringen.

Indem man die Gewohnheiten glücklicher Menschen untersucht, kann man Regeln, Vorschläge oder gar Anleitungen erarbeiten, die für weniger glückliche Menschen hilfreich sind.

Die Botschaft der Glücksforscher lautet: **Jeder kann glücklicher werden, wenn er aktiv daran arbeitet.**

Das Wort Arbeit ist hier im Übrigen keine Floskel. Um glücklicher und zufriedener zu werden, ist es oftmals notwendig, alte Verhaltens- und Denkmuster durch neue zu ersetzen. Das kann äußerst anstrengend sein und erfordert sowohl Mut als auch Durchhaltevermögen. Wenn Sie beides mitbringen, steht Ihrem Glück nichts mehr im Weg.

Kann man Glück in der Schule lernen?

Wenn das Glücklichsein erst erlernt werden muss, was liegt da näher, als bereits Kinder und Jugendliche in dieser wichtigen Fähigkeit, zu unterrichten?

Nachdem es Schulen im Ausland mit dem Unterrichtsfach „Happiness" vorgemacht haben, gibt es seit einiger Zeit auch in Deutschland Schulen, in denen Fächer wie *Glück* oder *Lebensführung* unterrichtet werden.

Auch wenn diese Ansätze von manchen Pädagogen und Politikern belächelt werden, sind die Ergebnisse der ersten Schuljahre mit dem neuen Unterrichtsfach äußerst vielversprechend.
Manche Schüler erleben hier zum ersten Mal, dass ihnen Schule Spaß macht und dass das Lernen in der Schule ihnen tatsächlich dabei hilft, ihr Leben besser zu gestalten.

Hier einige Beispiele für Themen, die aktuell im Glücksunterricht in deutschen Schulen behandelt werden:

☺ Entspannungstechniken

☺ Meditation

☺ Achtsamkeitsübungen

☺ Umgang mit Stress und Belastungen

☺ Motivation / Selbstmotivation

☺ Selbstachtung

☺ Selbstsicherheit

☺ Selbstverantwortung

☺ Umgang mit Frust und Ärger

☺ Respekt vor anderen

☺ Freundschaft

☺ Soziale Verantwortung

☺ Gefühle verstehen und äußern

☺ Einen Sinn im Leben finden

Sie sehen, dass hier bereits viele Aspekte eines glücklichen Lebens aufgeführt sind, mit denen wir uns im Folgenden intensiver beschäftigen werden.

Es bleibt zu hoffen, dass zukünftig mehr oder gar alle Schüler in den Genuss dieser Art von Unterricht kommen. Es würde der Gesellschaft als Ganzes sicher gut bekommen, wenn mehr Menschen einen guten, zufriedenstellenden oder gar glücklichen Lebensweg für sich entdecken würden.

Das fehlende Handbuch für ein glückliches Leben

Wenn ein gelungenes und glückliches Leben eine Folge der richtigen Gedanken und des richtigen Handelns sind, was liegt da näher, als eine knappe auf das Wesentliche reduzierte Anleitung zum Glücklichsein zu schreiben? Sozusagen das fehlende Benutzerhandbuch fürs Leben.

Würde jemand tatsächlich solch eine Anleitung für den richtigen Gebrauch des Lebens schreiben, die wirklich funktioniert, wäre er wohl in kürzester Zeit Milliardär.
Tatsächlich gab und gibt es immer wieder Versuche, solche allgemein verbindlichen Lebensregeln zu formulieren.

Das Problem: Menschen sind sehr unterschiedlich und haben je nach Herkunft, Alter, Geschlecht und Religion äußerst unterschiedliche Vorstellungen davon, wie das Leben gestaltet werden sollte.
Eine Quelle für eine Vielzahl von Lebensregeln sind die unterschiedlichsten Religionen. So kann man zum Beispiel auch die 10 Gebote des Christentums als eine Sammlung von Lebensregeln verstehen.

Natürlich gibt es so viele Lebensregeln, wie es Ansichten darüber gibt, was zu einem glücklichen Leben dazugehört.

Zu den bekannteren Regelwerken gehört die sogenannte „Desiderata" von Max Ehrmann, ein Gedicht, das auch als „Lebensregel von Baltimore" bekannt geworden ist (s.u.).
Daneben gibt es unzählige weitere Lebensregeln. Die Urheber reichen vom Dalai Lama bis hin zu Mutter Theresa.

Viele Lebensregeln sind zunächst nicht sofort als solche zu erkennen. So dienen zum Beispiel auch Fabeln, Sinnsprüche, Gedichte und Schwänke dazu, dem Leser oder Zuhörer Anleitungen zum richtigen Lebensstil zu präsentieren.

Im folgenden Abschnitt finden Sie die bereits erwähnte Desiderata und die häufig zitierten Lebensregeln des Dalai Lama, der in den westlichen Kulturen als der Glücksexperte schlechthin gilt.

Wussten Sie ...

... dass das Königreich Bhutan im Himalajagebirge bereits in den 70er Jahren des letzten Jahrhunderts das Glück seiner Einwohner als wichtigstes Staatsziel festlegte?

Der damalige König, Jigme Singye Wangchuk, entschied, dass fortan nicht mehr die Steigerung des materiellen Wohlstands das wichtigste Staatsziel sein sollte. Vielmehr sollte jeder Bürger Bhutans in die Lage versetzt werden, so glücklich wie möglich zu leben.

Erreicht werden soll dies unter anderem durch Verbesserungen in den Bereichen Bildung, Kultur, Umweltschutz und Gesundheit.

Desiderata - Die Lebensregeln von Baltimore

Die Desiderata (Segenswünsche) wurden im Jahr 1927 von Max Ehrmann (1872–1945), einem Rechtsanwalt aus Terre Haute, USA, verfasst. Eine verbreitete *Urban Legend* behauptet, es stamme aus dem Jahr 1692 aus der Old St. Paul's-Kirche, Baltimore.

Gehe ruhig und gelassen durch Lärm und Hast

und sei des Friedens eingedenk,

den die Stille bergen kann.

Stehe - soweit ohne Selbstaufgabe möglich -

in freundlicher Beziehung zu allen Menschen.

Äußere deine Wahrheit ruhig und klar und höre anderen zu,

auch den Geistlosen und Unwissenden;

auch sie haben ihre Geschichte,

Meide laute und aggressive Menschen,

sie sind eine Qual für den Geist.

Wenn du dich mit anderen vergleichst,

könntest Du bitter werden und Dir nichtig vorkommen;

denn es wird immer jemanden geben,

größer oder geringer als Du.

Freue Dich Deiner eigenen Leistungen

wie auch Deiner Pläne

bleibe weiter an Deiner eigenen Laufbahn interessiert,

Sie ist ein echter Besitz im wechselnden Glück der Zeiten.

In deinen geschäftlichen Angelegenheiten

lass Vorsicht walten; denn die Welt ist voller Betrug.

Aber dies soll dich nicht blind machen

gegen gleichermaßen vorhandene Rechtschaffenheit.

Viele Menschen ringen um hohe Ideale;

und überall ist das Leben voller Heldentum.

Sei Du selbst; vor allen Dingen heuchle keine Zuneigung.

Noch sei zynisch, was die Liebe betrifft;

denn auch im Angesicht aller Dürre und Enttäuschung

ist sie doch immerwährend wie das Gras.

Ertrage freundlich gelassen den Ratschluss der Jahre,

gib die Dinge der Jugend mit Grazie auf.

Stärke die Kraft des Geistes,

damit sie Dich im plötzlich hereinbrechenden Unglück schütze.

Aber beunruhige Dich nicht mit Einbildungen.

Viele Befürchtungen sind Folgen von Erschöpfung und Einsamkeit.

Bei einem heilsamen Maß an Selbstdisziplin sei gut zu Dir selbst.

Du bist ein Kind des Universums,

nicht weniger als die Bäume und die Sterne;

Du hast ein Recht hier zu sein.

Und ob es Dir nun bewusst ist oder nicht;

zweifellos entfaltet sich das Universum wie vorgesehen.

Darum lebe in Frieden mit Gott,

was für eine Vorstellung Du auch von ihm hast

und was immer Dein Mühen und Sehnen ist.

In der lärmenden Wirrnis des Lebens

erhalte Dir den Frieden Deiner Seele.

Trotz all ihrem Schein, der Plackerei und den zerbrochenen Träumen

ist diese Welt doch wunderschön.

Sei vorsichtig, strebe danach, glücklich zu sein.

Hätten Sie gedacht …

... dass sogar sich sogar Vulkanier die Desiderata zu eigen machen?

1968 nahm sich Leonard Nimoy (der Darsteller des Vulkaniers Spock auf dem Raumschiff Enterprise) des Gedichtes an und brachte es unter dem Titel „Spock Thoughts“ heraus.

Außer der von Nimoy gibt es noch etliche weitere Veröffentlichungen der Desiderata. Einige von ihnen erschienen als Sprachaufnahmen auf Langspielplatten und CDs.

Die Version des amerikanischen Radiosprechers Les Crane erreichte im Jahr 1971 sogar Platz 8 der Billboard Magazine-Music-Charts.

Eine Platzierung, die sonst nur weltberühmte Rock- und Popstars erreichen!

Die Lebensregeln des 14. Dalai Lama, Tendzin Gyatsho

Die folgenden Lebensregeln stammen von dem amtierenden Dalai Lama, dem Friedensnobelpreisträger, Tendzin Gyatsho.

Befolge grundsätzlich die folgenden Regeln:

☺ Denke (weil große Liebe und große Ziele große Risiken in sich bergen) an

- Respekt für Dich selbst
- Respekt für andere und
- Respekt (Verantwortung) für alle Deine Handlungen.

☺ Denke daran, dass etwas, was Du nicht bekommst, manchmal eine wunderbare Fügung des Schicksals sein kann.

☺ Lerne die Regeln, damit Du weißt, wie Du sie brichst.

☺ Wenn Du merkst, dass Du einen Fehler gemacht hast, unternimm unverzüglich etwas, um ihn zu korrigieren.

☺ Verbringe jeden Tag einige Zeit mit Dir selbst.

☺ Begegne Veränderungen mit offenen Armen, aber verliere dabei nicht Deine Wertmaßstäbe.

☺ Denke daran, dass Schweigen manchmal die beste Antwort ist.

☺ Lebe ein gutes ehrbares Leben - wenn Du älter wirst und zurückdenkst, wirst Du es ein zweites Mal genießen können.

- ☺ Eine freundliche Atmosphäre in Deinem Haus ist die beste Grundlage für Dein Leben.

- ☺ Wenn Du mit lieben Freunden streitest, bezieh Dich nur auf die aktuelle Situation - lass die Vergangenheit ruhen.

- ☺ Teile Dein Wissen, so erlangst Du Unsterblichkeit.

- ☺ Sei freundlich zur Erde.

- ☺ Besuche einmal im Jahr einen Ort, den Du noch nicht kennst.

- ☺ Denk daran, die beste Beziehung ist die, in der die Liebe für den anderen größer ist, als das Verlangen nach dem anderen.

- ☺ Bewerte Deine Erfolge daran, was Du aufgeben musstest, um sie zu erzielen.

- ☺ Widme Dich der Liebe und dem Kochen mit wagemutiger Sorglosigkeit.

DAS GEHEIMNIS GLÜCKLICHER MENSCHEN

Liest man in einigen, der in den letzten Jahren erschienenen Ratgeber zum Thema Glück, könnte man den Eindruck bekommen, dass man sich nur dafür entscheiden muss, glücklich zu sein, um es dann auch automatisch zu werden.

Wie bei allem ist die Sache auch hier ein wenig komplizierter.

Tatsache ist: Glückliche Menschen denken und handeln in einer Art und Weise, die sich deutlich von der weniger glücklicher Menschen unterscheidet. Frei nach dem Motto: „Von den Siegern lernen, heißt siegen lernen." könnten sich weniger glückliche Menschen von den Glücklichen also abschauen, wie es geht.

Allerdings handelt es sich bei den besonderen Eigenschaften der glücklichen Menschen in der Regel nicht um einfach umsetzbare Anleitungen oder Rezepte. Tatsächlich spielen meist fest verwurzelte Einstellungen und Gewohnheiten eine wichtige Rolle dabei. Jeder, der schon einmal versucht hat, alte Gewohnheiten aufzugeben oder neue anzunehmen, weiß, dass das ganz schön schwierig sein kann. Beispiele dafür sind die guten Vorsätze zum Jahreswechsel. Wie jeder weiß, überstehen die meisten davon noch nicht einmal den Januar, geschweige denn, dass sie dauerhaft durchgehalten werden.

Nichtsdestotrotz zeigen eine ganze Reihe von Untersuchungen, dass Veränderungen der inneren Einstellung möglich sind.

Allerdings funktioniert das nicht von einem Tag zum anderen. Einig sind sich die Wissenschaftler darüber, dass eine neue oder veränderte Einstellung über einen längeren Zeitraum aktiv eingeübt werden muss, um sich dauerhaft zu behaupten.

So reicht es also noch nicht, sich nur dazu zu entschließen, die eigene Einstellung zu verändern. Es ist vielmehr notwendig, sie über einen längeren Zeitraum in das eigene Denken und Handeln aktiv zu integrieren.

Über die Länge dieses Zeitraums gibt es unterschiedliche Vorstellungen. Von 6 Wochen bis zu 6 Monaten reichen die diesbezüglichen Angaben.

Im Folgenden schauen wir uns einmal genauer an, wie die eigene Einstellung unser Glücksempfinden beeinflusst.

Zitat:

„Glück ist kein Geschenk der Götter, sondern die Frucht innerer Einstellung."
(Erich Fromm)

Was uns die Glücksforschung dazu sagt

Welche gravierenden Unterschiede es in der Wahrnehmung und dem daraus resultierenden Glücksempfinden es gibt, zeigen viele weltweite Untersuchungen von Glücksforschern.

So fand man zum Beispiel heraus, dass viele Menschen, die unter objektiv schlechten Lebensbedingungen leben, trotzdem glücklich sind.

Auf der anderen Seite gibt es in den hoch entwickelten reichen Industrieländern immer mehr Menschen, die sich selbst für unglücklich, oder zumindest für *nicht glücklich*, halten.

Während sich die Menschen in Bangladesch, Indien oder Nigeria als glücklich einschätzen, ist das Glücksniveau in reichen Ländern wie den USA oder auch Deutschland deutlich geringer.

Natürlich ist dies sozusagen „Unglück auf hohem Niveau“, es zeigt aber, dass Glück nicht nur aus den Lebensumständen resultiert, sondern vor allem daraus, wie der Einzelne diese bewertet.

Geld macht glücklich, aber ...

Der amerikanische Psychologe Daniel Kahneman und der Brite Angus Deaton fanden im Jahr 2010 heraus, dass das Glückslevel ihrer Probanden (Versuchspersonen) mit steigendem Einkommen wuchs. Dies allerdings nur bis zu einem Einkommen von ca. 60.000 Euro pro Jahr. Einkommen, die darüber lagen, hatten keinen weiteren positiven Einfluss auf das Glücksempfinden der Probanden.

Im Gegenteil, liegt das Einkommen viel höher, kommt auch noch der Druck dazu, das verdiente Geld möglichst effektiv anlegen zu müssen. Sehr Wohlhabende leben zudem mit der Sorge, dass sie selbst oder Familienangehörige Opfer einer Entführung oder eines anderen Verbrechens werden könnten. Das viele Geld macht also manche Menschen sogar unglücklich.

Glück trotz Behinderung

Eine andere viel beachtete Untersuchung beschäftigte sich mit dem Glückslevel von Menschen, die aufgrund einer Erkrankung oder eines Unfalls körperlich behindert waren.

Die Studie wurde an der Universität von Michigan von dem amerikanischen Arzt Peter A. Ubel durchgeführt. Untersucht wurden 49 gesunde Personen und ebenso viele schwer nierenkranke Dialyse-Patienten, die sich mehrmals pro Woche einer Dialyse (Blutreinigung) unterziehen mussten.

Alle Versuchspersonen trugen mehrmals täglich ihre aktuelle Stimmung in einen kleinen PDA-Computer (= Taschencomputer) ein.

Dabei stellte sich heraus, dass die Kranken im Durchschnitt genauso glücklich waren wie die gesunden Versuchspersonen. Auch die Werte für allgemeine Zufriedenheit und die für Schmerzempfindungen waren im Großen und Ganzen identisch mit denen der gesunden Probanden.

In anderen Untersuchungen zeigte sich, dass sogar stark körperlich behinderte Menschen ein Glücksniveau aufwiesen, das in etwa dem der nicht behinderten Bevölkerung entsprach.

Selbst Menschen, die zum Beispiel nach einem Unfall an den Rollstuhl gefesselt waren, zeigten nach einigen Monaten ähnliche Werte wie vor dem Unfall.

Info:

Diese Stabilität des Glücksniveaus wirkt übrigens in beide Richtungen. So stellte man in einer Langzeitstudie fest, dass sich das Glückslevel in Extremsituationen drastisch veränderte, sich nach einiger Zeit aber wieder auf den vorherigen Wert einpegelte. Das betraf, sowohl Personen, die im Versuchszeitraum einen schweren Unfall hatten als auch bei solchen, die einen hohen Lotteriegewinn erhielten. In beiden Fällen lagen die Betroffenen nach einigen Monaten wieder auf dem gleichen Glücksniveau wie vor dem Ereignis.

Zum Nachdenken:

Nicht selten hört man von Freunden oder Bekannten Sätze wie „Lieber tot, als im Rollstuhl sitzen". Führt man sich vor Augen, wie viele Rollstuhlfahrer ein glückliches und zufriedenes Leben führen, klingt diese Aussage geradezu absurd.

Aktuelle Forschungsergebnisse belegen: Selbst, nach einem schweren Unfall gibt es keinen Grund, zu verzweifeln. Sogar aus scheinbar hoffnungslosen Situationen heraus kann man im Laufe der Zeit wieder Freude am Leben finden.

Selektive Wahrnehmung

Ein interessantes Phänomen unseres Verstandes ist die sogenannte ***selektive Wahrnehmung***. Man versteht darunter, die Fähigkeit, nur ganz bestimmte Dinge in der Umwelt wahrzunehmen und andere zu „übersehen", oder ganz auszublenden.

Dies funktioniert sowohl bewusst (zum Beispiel bei einer Kontrolltätigkeit oder wenn man etwas Bestimmtes sucht). Viel häufiger aber geschieht das unbewusst. Unsere Wahrnehmung arbeitet dabei wie ein Filter. Das, womit wir uns gedanklich beschäftigen, kann den Filter passieren, alles andere wird ausgeblendet.

Typische Fälle von selektiver Wahrnehmung sind:

- Schwangere sehen im Straßenbild überdurchschnittlich viele andere Schwangere, kleine Kinder, Mütter mit Kinderwagen etc.
- Menschen, die an Horoskope glauben, entdecken in ihrem Leben ungewöhnlich oft Bestätigungen ihrer Horoskop-Voraussage.
- Wer auf der Suche nach einem Partner ist, stellt fest, dass ihm scheinbar ständig glückliche Paare begegnen.

Man kann also sagen, dass uns der Verstand häufig einen Streich spielt, indem er unsere Aufmerksamkeit nur auf einen kleinen Ausschnitt oder Aspekt der Wirklichkeit lenkt. Ist man sich dessen nicht bewusst, kommt man zu dem Trugschluss, dass die Realität genauso ist, wie sie einem erscheint.

Vergleicht man die Weltsicht von glücklichen und unglücklichen Menschen, stellt man fest, dass ein höheres Glückniveau auch damit zusammenhängt, dass die positiven und erfreulichen Dinge von den glücklicheren Menschen bewusst wahrgenommen und nicht einfach übersehen werden.

Umgekehrt ist auch die Fähigkeit, Unerfreulichem keine oder nur geringe Beachtung zu schenken, ein Merkmal glücklicher Menschen.

Glückliche Menschen schenken ihre Beachtung ...

☺ Dingen, die ihnen gut gelingen

☺ den eigenen Talenten

☺ schönen Dinge, die sie bereits besitzen

☺ den eigenen Kindern

☺ dem eigenen Haus, der eigenen Wohnung, dem Garten etc.

☺ der eigenen Gesundheit (selbst wenn diese absolut betrachtet nicht gut ist)

☺ anderen Menschen, die lächeln

☺ Situationen, in denen sie „Glück haben“

Weniger glückliche Menschen richten ihre Aufmerksamkeit darauf ...

☹ was sie gerne besitzen würden

☹ dass der Nachbar ein größeres Haus besitzt

☹ wie schlecht sie im Vergleich mit anderen abschneiden

☹ dass wieder einmal etwas schiefgelaufen ist

☹ was sie noch erreichen müssen, bevor sie glücklich sein können

Darüber hinaus halten weniger glückliche Menschen ihre eigene Fehler und Probleme in der Regel für sehr gravierend. Glückliche Menschen bewerten ihre Fehler in ähnlichen Situationen als deutlich weniger gravierend.

Sie sehen also, dass es bereits bei der Wahrnehmung der Umwelt und der eigenen Person große Unterschiede zwischen glücklichen und weniger glücklichen Menschen gibt. Dabei können zwei Menschen in exakt der gleichen Lage die Situation je nach ihrer Einstellung als erfreulich oder deprimierend bewerten.

So würde sich ein deutscher Arbeitnehmer wahrscheinlich beschweren, wenn er „nur noch" 20 Urlaubstage im Jahr bekäme. Seine amerikanischen oder japanischen Kollegen hingegen wären von der gleichen Ankündigung begeistert. Sie haben nämlich in der Regel gerade mal zwei Wochen Urlaub im ganzen Jahr!

Während sich der verwöhnte Gast im Restaurant darüber beschwert, dass der Rotwein nicht die richtige Temperatur hat, würden sich Menschen aus Dritte-Welt-Ländern schon darüber freuen, überhaupt genug zu essen zu bekommen.

Glück ist eben auch eine Frage der Perspektive. Ein Glas Wasser ist in der Regel nicht besonders beglückend. Für den Wanderer in der Wüste kann es aber das größte Glück bedeuten.

Tipp:

Um glücklich (er) zu werden, reicht es nicht, ein gutes Leben zu haben. Man muss die guten Seiten auch wirklich sehen wollen, oder, noch besser, aktiv danach suchen.

Erwartungshaltung

Ein weiterer Unterschied zwischen glücklichen und weniger glücklichen Menschen besteht in der Erwartungshaltung in Bezug auf den Umgang mit Aufgaben und Problemen.

Glückliche Menschen denken:

☺ Das klappt schon irgendwie.

☺ Es ist noch immer gut gegangen.

☺ Ich habe meistens Glück.

Weniger glückliche Menschen denken:

☹ Das klappt bestimmt (wieder) nicht.

☹ Ich kann das nicht.

☹ Oh nein, das geht bestimmt schief.

Merken:

Gleich, ob Sie davon ausgehen, dass Sie eine Aufgabe lösen können, oder dass Sie scheitern werden. Sie werden fast immer recht behalten! Allein schon die Erwartung eines positiven Ausgangs erhöht die Wahrscheinlichkeit des Gelingens immens. Leider gilt aber auch der umgekehrte Fall. Wer glaubt, er könne etwas nicht schaffen, dem wird es mit großer Wahrscheinlichkeit auch nicht gelingen.

Einschätzung von Lebenssituationen

Weniger glückliche Menschen betrachten schwierige Situationen generell als schwerwiegender oder sogar als endgültig:

☹ Ich kann nicht mehr.

☹ Das ist alles so schrecklich.

☹ Ich bin am Ende.

☹ Das war‘s dann.

Treten positive Ereignisse im Leben der unglücklichen Menschen auf, so werden diese entweder gar nicht beachtet oder als Zufall abgetan.

Manche betrachten selbst eigene positive Leistungen als Täuschungen.

- ☹ Wenn die anderen wüssten … würden sie mich nicht loben.
- ☹ Ich habe nur Glück, weil keiner merkt, wie schlecht das eigentlich war.

Bewertung von Fehlschlägen

Pessimisten neigen dazu, Fehlschläge zu generalisieren:

Das passiert mir ständig.

Das lerne ich nie.

Ich bin einfach zu dumm dazu.

Ich bin einfach unattraktiv.

Pessimisten sehen die Ursachen für einen Fehlschlag immer in der eigenen Person
Optimisten betrachten ein Scheitern als einmalige Angelegenheit. Sie sehen die Ursache in ungünstigen äußeren Umständen und gehen davon aus, dass es beim nächsten Mal wieder besser läuft.

Nicht vergessen:

Aktives Verändern der eigenen Einstellung macht Sie nicht nur zufriedener und attraktiver, sondern auch glücklicher. Garantiert!

Gedanken formen das Glück

Sie haben ja bereits erfahren, dass es darauf ankommt, die Welt und das eigene Leben aus einer positiven und dankbaren Perspektive zu betrachten.
Doch wie können wir das im alltäglichen Leben umsetzen?

Situationen neu bewerten

Eine bewährte Methode ist das Neubewerten von Situationen. Das bedeutet, dass man eine Situation, in der man sich für gewöhnlich ärgert oder sich unwohl fühlt, unter einem ganz neuen Blickwinkel betrachtet und so zu einem angenehmen oder zumindest neutralen Erlebnis macht.

Ein typisches Beispiel ist das Warten in einem Stau. Jeder kennt das, es geht nur im Schritttempo vorwärts, wertvolle Zeit verrinnt, die sinnlose Warterei macht die Autofahrer nervös und manchmal sogar aggressiv.

Die ganze Situation ist unerfreulich und trägt sicher nicht dazu bei, dass wir uns glücklich fühlen.

Doch wie können wir dem entgehen? An der Situation selbst können wir nicht viel machen. Also bleibt uns nur, an der eigenen Einstellung etwas zu verändern.
Man könnte zum Beispiel versuchen, an der Situation etwas Positives zu entdecken.

Nur was könnte an einer Sache wie einem Verkehrsstau positiv sein?

Was könnten wir tun, anstatt uns zu ärgern?

☺ ein Hörbuch hören

☺ in Ruhe Zeitung lesen

☺ die nächste Lektion in einem Sprachlern-Hörkurs starten

- ☺ eine Entspannungsübung machen
- ☺ meditieren
- ☺ tagträumen
- ☺ mit einem anderen Stau-Opfer eine Unterhaltung beginnen

Sie sehen, so eine „ärgerliche“ Sache wie ein Verkehrsstau bietet viele Möglichkeiten, etwas Positives daraus zu machen.

Sie können auch Ihre negativen Gedanken durch positivere ersetzen:

~~„Mist, ich stecke schon wieder im Stau fest!“~~

„Ich kann an dem Stau nichts ändern. OK, dann lese ich mal in Ruhe die Zeitung.“

~~„Oh nein, ich habe aber auch ständig Pech! Was wird nur mein Chef sagen?“~~

„Hm, eine gute Gelegenheit, mit meinem Englischkurs weiterzumachen. Mein Chef wird staunen, wie sich meine Englischkenntnisse verbessert haben.“

~~„Diese Warterei macht mich noch wahnsinnig!“~~

„Ich nutze die Wartezeit, um mich aktiv zu entspannen.“

Wichtig:

Es geht hierbei nicht um „Positives Denken“, wie es in manchen Ratgeber-Büchern empfohlen wird. Sie sollen sich nicht selbst „belügen“. Vielmehr sollen hier die Gedanken auf einen anderen (positiveren) Aspekt der Situation gelenkt werden.

Interessanterweise lassen sich durch solch eine „Umprogrammierung“ fast alle Denkprozesse zum Positiven hin verändern.

Aber funktioniert das auch mit sehr tief verwurzelten Einstellungen und Vorlieben? Ist es möglich, das eigene Denken auch in Bereichen neu zu programmieren, die scheinbar „felsenfest“ verankert sind?

Um diese Frage zu beantworten, führte der amerikanische Psychologe, Paul Rozin, ein Experiment durch, bei dem er zeigen konnte, dass es auch bei Erwachsenen möglich ist, scheinbar unveränderliche Vorlieben, wie das Geschmacksempfinden erfolgreich zu modifizieren. In seinen Experimenten konnte er zeigen, dass tief verwurzelte Denkmuster selbst bei Erwachsenen erfolgreich verändert werden können. Er konnte bei den Probanden für unveränderbar gehaltene Eigenschaften, wie die Vorliebe für oder die Abneigung gegen bestimmte Speisen und Geschmacksstoffe, nachhaltig verändern. Seine Versuchspersonen fanden nach dem Experiment Speisen besonders schmackhaft, die sie vorher niemals gegessen hätten.

Der Mensch kann also lernen, etwas zu mögen, das ihm zuvor zuwider war. Überträgt man diese Erkenntnis auf das alltägliche Leben, zeigt sich, dass wir nicht gezwungen sind, die gleichen negativen Verhaltensmuster immer wieder zu wiederholen. Vielmehr können wir unsere Reaktionen bewusst steuern und sind ihnen nicht hilflos ausgeliefert.

Wir sind eben nicht dazu verdammt, immer auf die gleiche Weise auf äußere Einflüsse zu reagieren. Ob ich mich über etwas freue oder darüber in Tränen ausbreche, ist nicht etwa angeboren, sondern erlernt und kann willentlich verändert werden.

Diese Fähigkeit des menschlichen Gehirns wird bereits lange erfolgreich in der sogenannten (kognitiven) Verhaltenstherapie eingesetzt.

Wussten Sie …

… dass ein Mensch pro Tag etwa 60.000 Gedanken denkt? Einige Gedanken treten häufiger auf als andere. Gedanken zu einem Thema, das den Menschen interessiert oder beschäftigt, können mehrere Hundert oder gar Tausende von Malen am Tag auftreten!

Gedanken entwickeln eine unglaubliche Kraft. Sie beeinflussen maßgeblich die Stimmung. Leider verselbstständigen sich negative Gedanken wie „Ich schaffe das nicht.“ bei vielen Menschen. Die Betroffenen leiden darunter und wissen oft gar nicht, woher ihre schlechte Stimmung kommt.
Wie viel positive Energie könnte man erzeugen, wenn die negativen Gedanken durch positive ersetzt würden?

Viele Untersuchungen zeigen, dass dies möglich ist. Es ist allerdings Zeit, Geduld und Ausdauer dazu nötig.

Sie können das auch schaffen! Fangen Sie am besten schon heute damit an. Lassen Sie sich nicht beirren. Rückschläge sind normal, und Rom ist auch nicht an einem Tag erbaut worden.

Zitat

> *„Wir sind, was wir denken. Alles, was wir sind, entsteht aus unseren Gedanken. Mit unseren Gedanken formen wir die Welt.“*
> *(Buddha)*

Die für uns wichtige Botschaft lautet: Wir können uns verändern! Von wenigen Ausnahmen abgesehen (z. B. wenn jemand an einer depressiven Störung erkrankt ist) ist niemand dazu verdammt, die Welt immer nur in trüben Farben zu sehen. Es ist möglich, die eigene Sicht der Welt aktiv zum Positiven hin zu verändern.

Jeder kann glücklich sein!

Erinnern Sie sich an Sinnsprüche, wie „Was Hänschen nicht lernt, lernt Hans nimmermehr.“ oder „Früh krümmt sich, was ein Häkchen werden will.“?

Das war für viele Jahre auch die Auffassung der Wissenschaft. Man nahm an, dass das menschliche Gehirn im Verlauf von Kindheit und Jugend seine endgültige Struktur entwickelte. Danach konnte nach Auffassung der Forscher zwar noch Wissen (in Grenzen) aufgenommen werden, eine echte Veränderung des strukturellen Aufbaus des Gehirns war aber vermeintlich nicht mehr möglich.

Dass bedeutete, dass es im fortgeschrittenen Alter schwierig bis unmöglich werden sollte, etwas grundlegend Neues zu erlernen, oder tief verwurzelte Einstellungen zu verändern.

Erste Zweifel an dieser Theorie kamen bereits in der Mitte des 20. Jahrhunderts auf.
Grundlagenforschungen auf diesem Gebiet wurden schon in den 50er Jahren des letzten Jahrhunderts von dem Mediziner und Psychologen Donald Hebb durchgeführt. Er fand heraus, dass durch häufiges Wiederholen einer Tätigkeit oder eines Denkmusters im Gehirn neue Strukturen geschaffen bzw. verstärkt werden können.

Die damit zusammenhängenden Forschungsergebnisse werden in Anerkennung seiner Leistung als „Hebbsche Lernregel“ bezeichnet.

Die Veränderbarkeit (und damit die Lernfähigkeit) des Gehirns bezeichnet man als „synaptische“ oder „neuronale Plastizität.“
Die elementare Erkenntnis dieser Forschungsergebnisse ist, dass das Gehirn ein Leben lang formbar ist.

Was die Sache für unser Thema so interessant macht, sind folgende Tatsachen:

- Das Gehirn kann lernen.
  Es können sowohl neue Dinge erlernt, als auch bereits erlernte Dinge wieder verlernt werden.
- Dies ist auch beim erwachsenen Menschen noch möglich.
  Auch wenn bestimmte Bereiche im Gehirn (z. B. die für den Spracherwerb) in der Kindheit besser funktionieren, können auch Erwachsene neue Einstellungen und neues Verhalten erlernen.
- Das Erlernte neigt dazu, sich selbst zu verstärken.
  Jede Handlung, die ausgeführt wird, führt dazu, dass diese Handlung zukünftig leichter und/oder häufiger ausgeführt werden kann.

Fähigkeiten können verbessert, aber auch zerstört werden

Die Plastizität des Gehirns funktioniert in beide Richtungen. Im gleichen Maße wie neuronale Strukturen durch die häufige Wiederholung von Handlungen und Gedanken aufgebaut beziehungsweise stabilisiert werden, ist es auch möglich, diese wieder zu verlieren.

Das tritt immer dann ein, wenn eine bestimmte Fähigkeit über einen längeren Zeitraum nicht oder nur sehr selten zum Einsatz kommt.

Die entsprechenden Fähigkeiten verkümmern, ähnlich wie ein Muskel, der für längere Zeit nicht benutzt wird. Jeder, der schon einmal längere Zeit im Krankenbett verbringen musste, kennt das Problem.

Warum ist das für unser Glückprojekt so wichtig?

Um es auf den Punkt zu bringen:

Glück kann man lernen!

Wichtige Faktoren für den Erfolg

Häufiges Wiederholen:

Wird eine Fähigkeit oder ein Gedanke häufig immer wieder wiederholt, werden die dafür zuständigen Verbindungen im Gehirn erhalten und verbessert.

Gedanken und Handlungen steuern:

Alles, war wir sehen, denken hören oder tun führt automatisch zu neuen Vernetzungen. Dabei spielt es keine Rolle, ob es sich dabei um hilfreiche Gedanken und Aktionen handelt oder um selbstzerstörerische.

Es ist also unbedingt sinnvoll, unsere Aufmerksamkeit auf positive und angenehme Dinge zu richten. Gute Laune kann auf diese Weise förmlich trainiert werden.

Sind die dafür zuständigen neuronalen Verbindungen erst einmal geschaffen, funktioniert das Gute-Laune-Haben fast von selbst.

Aber Vorsicht! Auch negative Aktionen können leicht zur Gewohnheit werden. Wer sich oft ärgert, wird genau diese Fähigkeit trainieren, ohne dass er das eigentlich will.

Wer wütend ist, trainiert das wütend sein, wer sich beherrscht, trainiert die Selbstbeherrschung!

- Graue Zellen brauchen genau wie Muskeln regelmäßiges Training.
- Talente und Fähigkeiten verkümmern, wenn sie nicht regelmäßig zum Einsatz kommen.
- Wir können bestimmte Fähigkeiten steigern, indem wir sie häufig einsetzen.
- Was wir nicht fördern wollen, sollten wir unterlassen.

Experiment:

Dass sich das Gehirn sogar allein durch die Kraft der Gedanken verändern lässt, beweisen wissenschaftliche Untersuchungen an meditierenden Mönchen.

An der University of Wisconsin untersuchte man Mönche, die eigens zu diesem Zweck vom Dalai Lama dort hingeschickt wurden. Die Meditierenden, von denen einige mehr als10.000 Stunden Meditationspraxis hatten, wurden sowohl vor als auch während der Meditation untersucht.
Die Mönche wurden dabei unter anderem auch in einem Magnetresonanztomografen (MRT) untersucht, mit dem Aktivität und Struktur einzelner Hirnregionen sichtbar gemacht werden können.

Das Ergebnis: Die Meditationspraxis hatte sowohl Veränderungen in den Gehirnwellen als auch organische Veränderungen bewirkt. Insbesondere waren bei den Mönchen die Bereiche im Gehirn vergrößert und aktiver, die für Ausgeglichenheit und Gemütsruhe zuständig sind.

Richard Davidson von der University of Wisconsin kommt zu dem Schluss:

„Glück ist eine Fertigkeit, wie das Erlernen einer Sportart oder eines Musikinstruments. Wer übt, wird darin immer besser!“

GLÜCKSBRINGER

Als Glücksbringer werden Gegenstände, Pflanzen, Tiere oder auch Menschen bezeichnet, die Glück bringende Kräfte haben. Beispiele sind vierblättrige Kleeblätter, Marienkäfer, Glückspfennige oder Hufeisen.

Während herkömmliche Glücksbringer einen gewissen Aberglauben benötigen, damit sie wirken können, trifft das auf die folgenden Glücksbringer nicht zu.

Ganz im Gegenteil. Es handelt sich ausschließlich um Tipps, Ratschläge und Informationen, die dem neuesten Stand der Glücksforschung entsprechen.

Sie können die Glücksbringer in jeder beliebigen Reihenfolge lesen und anwenden. Setzen Sie die Glücksbringer ein, die Sie sympathisch finden und die in Ihrem Alltag umsetzbar sind. Sie werden sehen, die ersten Erfolge lassen nicht lange auf sich warten!

Glücksbringer: Sich selbst mögen

Zitat:

„Die Wurzel alles Bösen in der Welt ist der Mangel an Liebe zu sich selbst.“
(Thomas von Aquin)

Sich selbst so zu akzeptieren und zu mögen, wie man ist, ist eine wichtige Voraussetzung, um ein zufriedenes oder gar glückliches Leben zu führen.

Denn ganz gleich, wie sich die äußeren Umstände verändern, was immer gleich bleibt, sind wir selbst.

Wie ist es bei Ihnen? Beantworten Sie spontan diese Fragen:

? Was mag ich <u>nicht</u> an mir - was möchte ich verbessern?

? Was mag ich an mir - was ist besonders gut an mir?

Wie viele Antworten fallen Ihnen zu den Fragen a) und b) ein?

Den meisten Menschen fallen sehr viel mehr Dinge ein, die sie <u>nicht</u> an sich mögen.

Typische Antworten sind:

☹ Ich bin zu alt.

☹ Ich sehe nicht besonders gut aus.

☹ Ich sollte ein paar Kilo abnehmen.

☹ Meine Nase ist etwas zu groß.

☹ Mein Leben ist ziemlich langweilig.

☹ Ich sollte mehr Sport treiben ...

Viele Menschen haben ein negatives Bild von sich selbst. Sie schätzen sowohl ihr Aussehen, ihre beruflichen Fähigkeiten als auch ihre eigene Persönlichkeit zu schlecht ein.

Zitat:

> *„Man kann mit anderen nur so gut befreundet sein wie mit sich selbst.“*
> *(Andreas Tenzer)*

Negative Selbstbilder werden schon in der Kindheit geprägt

Nicht selten kommt es vor, dass Eltern ihre Kinder schon wegen Kleinigkeiten verbal massiv abwerten:

☹ Du bist aber auch zu dumm!

☹ Du bist einfach zu faul!

☹ Deine Antworten sind unverschämt!

☹ Du bist völlig egoistisch!

Auch in der Schule ist es üblich, dass Schülerinnen und Schüler nur nach ihren fachlichen Leistungen, nicht aber nach ihren menschlichen und sozialen Fähigkeiten beurteilt werden.

Irgendjemand hat einmal gesagt: „Man ist das, was man zu sein glaubt.“

Man muss allerdings hinzufügen „Man glaubt auch, zu sein, was einem Andere einreden.“

Wenn einem Menschen bereits im Kindesalter das Gefühl vermittelt wird, nicht gut, oder nicht gut genug zu sein, wie soll der arme Mensch dann lernen, sich selbst zu mögen?

Wer nicht mit sich selbst zufrieden ist, kann auch nicht mit seinem Leben zufrieden sein, der kann auch nicht glücklich sein.

Es gibt immer jemanden, der Sie kritisiert ... denn kritisieren kann jeder Depp!

Machen Sie sich nichts draus, wenn Sie von Anderen kritisiert werden.

Etwas zu kritisieren ist kinderleicht. Ganz gleich, was Sie tun werden, es wird immer jemanden geben, der es mit wenigen negativen Worten entwerten kann.

„Nur Gott kann eine Blume erschaffen, aber jeder Dummkopf kann sie ausreißen.“

Lernen Sie also, Kritik von Anderen zu erdulden, ohne sich selbst dabei schlecht zu fühlen.
Denn ganz gleich, was wir tun. Es findet sich so gut wie immer jemand, der an uns oder an dem, was wir tun, irgendetwas auszusetzen hat.

Sich nicht abwerten zu lassen, bedeutet nicht, gegen berechtigte Kritik immun zu sein.

Wenn wir einen Fehler machen, macht es natürlich keinen Sinn, einfach so tun, als sei der Fehler nicht passiert. Der Unterschied zwischen glücklichen und weniger glücklichen Menschen besteht allerdings darin, wie sie mit einem solchen Fehler umgehen!

Glückliche Menschen können nicht nur anderen verzeihen, sondern auch sich selbst. Sie denken dann:

☺ Irren ist menschlich.

☺ Das kann jedem mal passieren.

☺ Das ist nicht so schlimm.

☺ Beim nächsten Mal mache ich es besser.

Weniger glückliche Menschen neigen dazu, sich selbst abzuwerten.

Sätze wie:

☹ ~~Das war ja wieder mal typisch für mich.~~

☹ ~~So dumm kann auch nur ich sein.~~

☹ ~~Was bin ich nur für ein Idiot.~~

sind nicht hilfreich.

Positive Affirmationen machen glücklicher!

Das Wort Affirmation kommt vom lateinischen „affirmatio“, was soviel bedeutet wie *Versicherung* oder *Beteuerung*. Man bezeichnet damit das wiederholte Denken und/oder Aussprechen von Aussagen mit dem Ziel, positive Ideen in der eigenen Persönlichkeit zu verankern.

Dahinter steckt die Beobachtung, dass Überzeugungen im menschlichen Geist erzeugt und geformt werden können, indem man sie immer wieder wiederholt.

Affirmationen werden zum Beispiel auch beim Autogenen Training und ebenso bei Gebeten und Mantras angewendet.

Positive Affirmationen führen durch häufige Wiederholung dazu, dass wir ihre Aussagen als real und überzeugend betrachten.

Es gibt kein besseres und jederzeit verfügbares Mittel, um positive Einstellungen zu erschaffen, oder bereits vorhandene zu modifizieren.

Dazu kommt, dass das Arbeiten mit Affirmationen fast jederzeit und überall möglich ist. Sie können leicht in den Alltag integriert werden und sind - ganz nebenbei - auch noch völlig kostenlos :-)

Beispiele für positive Affirmationen:

☺ Ich verzeihe mir meine Fehler.

☺ Ich bin gut, so wie ich bin.

☺ Ich sorge gut für mich.

☺ Ich bin ein guter Mensch.

☺ Ich mag mich, so wie ich bin.

☺ Ich mag meinen Körper.

☺ Ich verdiene es, dass es mir gut geht.

Wie oft sollte man die Affirmationen wiederholen?

Für eine dauerhafte Veränderung von Einstellungen sollten die Affirmationen über mehrere Wochen mehrfach täglich wiederholt werden. Dazu müssen sie nicht laut ausgesprochen werden, sondern können auch in Gedanken wiederholt oder geflüstert werden. Auch das tägliche Aufschreiben von Affirmationen kann hilfreich sein.

Eine andere Methode, ein positiveres Selbstbild zu erreichen, ist, die eigenen guten Eigenschaften zu beschreiben.

Schreiben Sie dazu Ihre positiven Eigenschaften auf, so als wollten Sie einer Person, die Ihnen wichtig ist, zeigen, dass es sich lohnt, sich mit Ihnen einzulassen. Als Grundlage können die folgenden Fragen dienen:

? Was mag ich an mir?

? Wo liegen meine Stärken?

? Was mögen andere an mir?

? Was kann ich besonders gut?

? Wie kann ich anderen helfen?

Zitat:

„Hast du dich selber auf die rechte Art lieb, so hast du alle Menschen lieb, wie dich selbst.“
(Meister Eckhart)

Glücksbringer: Niemals vergleichen!

Zitat

„Das Vergleichen ist das Ende des Glücks und der Anfang der Unzufriedenheit."
(Søren Kierkegaard)

Von dem Französischen Schriftsteller Charles-Louis de Montesquieu (1689 - 1755) ist folgendes Zitat überliefert:

„Man will nicht nur glücklich sein, sondern glücklicher als die anderen. Und das ist deshalb so schwer, weil wir die anderen für glücklicher halten, als sie sind."

Diese Ansicht deckt sich absolut mit aktuellen Ergebnissen aus der Glücksforschung. Bei diesen stellte sich ebenfalls heraus, dass für viele Menschen ein wesentlicher Bestandteil des Glücks darin besteht, ihre Mitmenschen im Glücklichsein zu übertreffen.

Hauptsache glücklicher als die anderen:

Es ist tatsächlich sogar so, dass es den meisten extrem wichtig ist, besser dran zu sein als die anderen. Das geht sogar so weit, dass der Glücksvorsprung wichtiger ist, als selbst glücklich zu sein!

Das zeigt sich sehr schön in dem folgenden Experiment:

Experiment:

In einem großen Unternehmen mussten Einsparungen vorgenommen werden. Das Geld sollte zwei Abteilungen abgezogen werden.

Es standen zwei Modelle zur Abstimmung.

- In Modell A erhielten die Angestellten der Abteilung A 100 Euro weniger Gehalt, während sich die Gehälter der Abteilung B nicht änderten.

- Das Modell B sah vor, dass sowohl die Mitarbeiter der Abteilungen A und B jeweils 150 Euro pro Monat weniger Gehalt bekommen sollten.

Überraschenderweise stimmten die Mitarbeiter der Abteilung A fast ausnahmslos für den Vorschlag B, obwohl dies für sie bedeutete, weniger Geld zu bekommen als beim Vorschlag A.

Wichtiger als die finanziell günstigere Lösung war für sie, dass die Angestellten der Abteilung B nicht besser wegkamen (mehr Glück hätten) als sie selbst. Um das zu erreichen, akzeptierten sie sogar, die für sie finanziell schlechtere Lösung.

Du bist glücklicher als ich

In einem anderen Experiment stellten die Forscher fest, dass die gleichen Personen, die glücklicher sein wollten als andere, die Einschätzung des Glückspegels ihrer Mitmenschen nicht gelang.

Im Schnitt schätzten alle Versuchspersonen das Glück ihrer Nachbarn, Freunde, Kollegen usw. höher ein, als diese selbst es taten.

Das bedeutet, dass es häufig vorkommt, dass sich zwei Menschen gegenseitig darum beneiden glücklicher zu sein als der jeweils andere.

Die alte Weisheit: „Das Gras auf der anderen Seite des Hügels (oder vom Zaun) ist immer grüner.“ bewahrheitet sich also auch beim Thema Glück.

Nicht dem Glück anderer hinterherlaufen

In einer Gesellschaft, in der der Status einer Person über materiellen Besitz definiert wird, streben scheinbar alle nach den gleichen Zielen. Jeder meint, ein teures Auto fahren zu müssen. Wenn alle Bekannten und Freunde ein eigenes Haus besitzen, will man das natürlich auch.

Das Problem des Vergleichens mit anderen:

Es gibt immer andere, die uns in einem oder mehreren Punkten überlegen sind.
Dazu kommt, dass wir Menschen die schlechte Angewohnheit haben, zum Vergleichen immer die heranzuziehen, die besser sind oder mehr haben als wir.

Den Kampf darum, der oder die Beste zu sein können wir also gar nicht gewinnen. Es wird immer jemanden geben, der uns überlegen ist.

Akzeptieren Sie, dass andere Ihnen in manchen Dingen überlegen sind. Erfreuen Sie sich an den Dingen, die Ihnen wichtig sind. Sie können sicher sein: Jemand, der immer das Neueste, Schönste oder Beste haben will, hat letztlich nur wenig Freude daran, da er nie damit zufrieden sein wird.

- Glücklicher sein zu wollen als andere, kann manchmal zu weniger Glück führen.
- Das eigene Glück, mit dem anderer zu vergleichen, führt zu Unzufriedenheit.
- Das Gras auf der anderen Seite des Zauns ist nicht grüner, es sieht aus unserer Perspektive nur so aus ;-)

Glücksbringer: Akzeptieren und Loslassen

Zitat:

„Gott schenke mir die Gelassenheit, Dinge zu akzeptieren, die ich nicht ändern kann;
den Mut Dinge zu ändern, die ich ändern kann und die Weisheit, die einen von den anderen zu unterscheiden.“
(Reinhold Niebuhr)

Dieses sogenannte *Gelassenheitsgebet* des amerikanischen Theologen Reinhold Niebuhr beinhaltet, wunderbar auf den Punkt gebracht, alles Wesentliche, was zu diesem Thema zu sagen ist.
Schon die Philosophen der Antike wussten, dass das Akzeptieren des Nicht-Änderbaren eine Grundvoraussetzung für Zufriedenheit und Glück ist.

Und so ist es denn auch ein Merkmal glücklicher Menschen, Dinge so zu akzeptieren, wie sie sind. Das klingt banal und fällt doch den Meisten äußerst schwer.

Akzeptieren heißt übrigens nicht, Gutheißen oder sich endgültig damit abfinden.

Sie können und sollen vielmehr daran arbeiten, dass sich die Dinge in eine Richtung entwickeln, die Sie wünschen. Wünschen, nicht fordern! Akzeptieren Sie es, wenn die Dinge nicht wie gewünscht laufen.

Einfluss:

Wir haben auf viele Dinge im Leben keinen Einfluss.

Aber: Wir haben einen Einfluss darauf, wie die Dinge auf uns wirken und wie wir uns dabei fühlen.

Die Fähigkeit, Dinge und Menschen zu akzeptieren, ohne uns selbst als Verlierer zu fühlen, ist eine Kunst, die nicht viele beherrschen, die aber für den, der sie sich erarbeitet, ein hohes Maß an Seelenfrieden und damit Glück beschert.

Wussten Sie schon ...

... dass das Gelassenheitsgebet vom Beginn dieses Kapitels an vielen Stellen erscheint, von denen man dies nicht unbedingt erwartet hätte?

So wird es zum Beispiel in Folge 20 der zweiten Staffel von „Desperate Housewifes" zitiert. Es taucht in dem Film „Grasgeflüster" aus dem Jahr 2000 genauso auf, wie in Songs von Olivia Newton-John und Sinéad O'Connor. Auch Neil Young ließ das Gedicht in (allerdings fehlerhaftem) Latein auf die Plattenhülle seines 1981 erschienen Albums „Re-ac-tor" drucken.

Typische Beispiele für <u>nicht</u>-Loslassen und nicht-Akzeptieren-Können:

- ☹ Hadern mit ungerechter Behandlung im Job
- ☹ Hadern mit verpassten Chancen
- ☹ Hadern mit Ungerechtigkeit in der Welt
- ☹ Hadern damit, einen Wunschpartner nicht bekommen zu haben
- ☹ Hadern mit Verwandten, Kollegen, Nachbarn
- ☹ Hadern mit einer Erkrankung
- ☹ Hadern mit mangelndem Wohlstand
- ☹ Hadern mit Schuldgefühlen
- ☹ Hadern mit Hassgefühlen

☹ Hadern mit abgelehnter Liebe

☹ Hadern mit Eifersucht

Ist Loslassen nur eine Frage des Willens?

Diese Frage kann man beantworten wie Radio Eriwan: „Im Prinzip ja …"

Tatsächlich ist die Entscheidung, etwas Belastendes loszulassen, eine reine „Kopfsache". Sie können sich jederzeit dafür entscheiden, ein Thema, das einen Schatten auf Ihr Leben wirft, loszulassen.

So weit die Theorie …

Tatsächlich ist es natürlich nicht ganz so einfach. Die Einstellungen und Verhaltensmuster, die zum Festhalten führen, sind ja nicht von heute auf morgen entstanden. Vielmehr gehören sie in der Regel bereits seit vielen Jahren zum eigenen Verhaltensrepertoire.

Das heißt, dass sie sehr tief in unserem Denken verwurzelt sind, weshalb man sie oft nur schwer wieder los wird.

So befreien Sie sich

Damit das Loslassen funktioniert, benötigen Sie vor allem Durchhaltewillen und Geduld!

Beginnen Sie damit, sich bewusst zu machen welche „Leichen im Keller" Sie gerne loswerden möchten.

Nur, wenn Sie wissen, was Sie belastet, können Sie auch aktiv daran arbeiten, die Probleme loszulassen.

Machen Sie sich im nächsten Schritt klar, dass das Loslassen nicht leicht fallen wird, Sie es aber trotzdem wirklich wollen.

Sobald eine Situation auftritt, in der die unguten Gefühle und Gedanken wieder auftreten, sagen Sie laut und deutlich „Stopp!" Sie werden dann feststellen, dass Ihnen dann fast automatisch Argumente durch den Kopf gehen, die dafür sprechen, das schlechte Gefühl doch nicht einfach loszulassen.

Beispiele:

- ☹ Ich war schließlich auch im Recht.
- ☹ Er hat mich ja auch so schlecht behandelt.
- ☹ Ich will ihr einfach gar nicht vergeben.
- ☹ Schließlich hätte ich ein besseres Leben, wenn ich diese Chance damals nicht verpasst hätte.

Jetzt kommt es drauf an. Wenn Sie jetzt nachgeben und doch wieder zum tausendsten Male eine der Gedankenspiralen starten, die Sie eigentlich loswerden wollen, wird es nicht funktionieren.
Es führt kein Weg daran vorbei: Sie müssen sich einige Male selbst zwingen, die schädlichen Gedanken loszulassen.

Sie könnten dies zum Beispiel tun, indem Sie zu sich selbst sprechen:

- ☺ Ich werde mich über diese Sache nicht aufregen.
- ☺ Ich lasse das Thema einfach los.
- ☺ Es spielt keine Rolle, wer recht hat. Ich will dieses Thema nicht mehr in meinem Kopf haben.

Es wird sich die ersten Male tatsächlich falsch anfühlen. Das ist normal. Lassen Sie sich dadurch nicht aufhalten. Sie werden sehen, jedes Mal, wenn es Ihnen gelingt, wird es ein klein wenig leichter werden.

Geben Sie den neuen Gedanken eine Chance. Die alten Denkweisen werden zunächst übermächtig erscheinen und sich immer wieder in den Vordergrund drängen. Geben Sie nicht auf. Eine Veränderung erreichen Sie nur dann, wenn Sie es schaffen, Ihre Gedanken zu verändern.

Vermeiden Sie unbedingt negative Selbstbewertungen:

☹ Ich schaffe das einfach nicht.

☹ Das funktioniert nie.

☹ Ich bin einfach so.

Ermutigen Sie sich stattdessen selbst:

☺ Ich schaffe das schon.

☺ Es war schon etwas besser als gestern.

☺ Ich merke, wie es von Tag zu Tag besser funktioniert.

☺ Ich bleibe am Ball.

☺ Ich gebe nicht auf.

Das Leben schuldet uns nichts

Eine echte Unglücksfalle ist die Vermutung, dass es im Leben gerecht zugehen müsse. Anders als in Romanen oder im Film gibt es im Leben keine (ausgleichende) Gerechtigkeit. Deshalb müssen wir lernen, zu akzeptieren, was immer in unserem Leben geschieht.

Damit zu hadern, wenn Dinge nicht so laufen, wie wir sie für richtig oder gerecht halten, führt nur zu Gefühlen von Enttäuschung, Wut oder Angst.

Umso eher wir uns mit der Tatsache abfinden, dass es im Leben nichts gibt, was wir einfordern könnten, umso besser. Denn leider gibt es keine Gerechtigkeit bei der Verteilung von Liebe oder materiellen Gütern.

Natürlich dürfen wir Ziele und Wünsche haben, und diese auch verfolgen. Wir dürfen nur nicht unzufrieden werden, wenn wir etwas nicht erreichen oder besitzen können.

Um glücklich(er) zu werden, ist es viel hilfreicher, den Fokus auf das zu richten, was wir bereits erreicht haben. Freuen Sie sich jeden Tag an dem, was Sie haben. Vergeuden Sie keine Zeit damit, sich darüber zu ärgern, dass Sie etwas nicht bekommen können.

MOTTO

Ich akzeptiere es, wenn ich etwas nicht bekommen kann. Vielleicht klappt es ja zu einem späteren Zeitpunkt. Um glücklich zu sein, brauche ich es nicht. Ich erfreue mich stattdessen an den Dingen, die ich habe und die ich kann.

Glücksbringer: Menschen so akzeptieren, wie sie sind

Zitat:

„Solange du dem anderen sein Anderssein nicht verzeihen kannst, bist du noch weit weg vom Weg der Weisheit.“ (Chinesisches Sprichwort)

Eine wichtige Voraussetzung, um ein glückliches Leben zu führen, ist ein hohes Maß an Toleranz.

Das bedeutet nicht, dass Ihnen alles gefallen muss, was andere Menschen tun. Gemeint ist vielmehr, jedem eine eigene Meinung zuzugestehen, auch oder gerade dann, wenn diese Meinung der Ihren völlig widerspricht.

Natürlich ist das nicht immer ganz einfach. Besonders, wenn man selbst absolut davon überzeugt ist, dass der Andere mit seinen Ansichten falsch liegt.

Das Problem liegt eben darin, dass der Andere wahrscheinlich das Gleiche über Ihre Ansichten denkt.

Selbst wenn man objektiv beweisen könnte, dass der Andere sich irrt, kann man bewusst darauf verzichten, dies auch zu tun.

Tipp:

Jeder mag es, Recht zu bekommen und zu beweisen, dass man mit der eigenen Meinung richtig liegt. Allerdings hat dies einen hohen Preis. Sie können mit Sicherheit davon ausgehen, dass es nur äußerst selten jemand zu schätzen weiß, von Ihnen (oder auch von jemand anderen) korrigiert zu werden.

Sie haben dann zwar in der Sache recht, einer guten Beziehung zu Ihren Gesprächspartnern haben Sie aber keinen guten Dienst erwiesen.

Natürlich gibt es Situationen, in denen es wichtig erscheint, eine (vermeintlich) falsche Meinung zu korrigieren. Tun Sie es dann aber so, dass der Betroffene Ihre Einwände auch ohne Gesichtsverlust akzeptieren kann.

Dies bedeutet in der Regel, dass Sie es nicht im Beisein anderer tun. Es gilt auch hier die Regel:

Öffentlich loben, aber unter vier Augen tadeln.

Ein wichtiger Aspekt der Toleranz ist, dass man diese nur dann leben kann, wenn man die gleiche Toleranz auch sich selbst gegenüber walten lässt. Dem, der mit sich selbst im Reinen ist, fällt es leicht, auch gegenüber Anderen großherzig zu sein. Erst wenn Sie zu sich selbst „Ja“ sagen und sich selbst so annehmen, wie Sie sind, wird es möglich, die gleiche Haltung auch gegenüber anderen zu zeigen.

Voraussetzungen für Toleranz:

☺ sich selbst achten

☺ sich selbst akzeptieren

☺ sich selbst lieben

☺ eigene Fehler und Schwächen nicht verurteilen

Zitat

„Behandle die Fehler des anderen mit ebenso viel Milde wie deine eigenen.“
(Chinesisches Sprichwort)

Wie man in den Wald ruft ...

Unser Verhalten gegenüber anderen bestimmt, wie wir selbst behandelt werden. Wer Liebe und Akzeptanz aussendet, erhält oft das Gleiche zurück. Allerdings gilt dies auch im umgekehrten Fall. Intoleranz, Ablehnung oder gar Hass erzeugen negative Reaktionen, die uns an unserem Glück hindern.

Erst wenn man bedingungslos akzeptiert, dass wir von anderen nichts verlangen oder fordern können, tritt ein innerer Frieden ein, der uns auf unserem Weg zu Glück, wieder ein Stück voranbringt.

Toleranz ist eine der Säulen des Glücks!

- ☺ Andere müssen nicht fair und gerecht sein.
- ☺ Andere können leben, wie sie wollen.
- ☺ Andere müssen nicht dieselben Werte haben wie wir selbst.
- ☺ Die anderen schulden uns keine Rücksicht.
- ☺ Andere tun, was ihnen gefällt.
- ☺ Sie sind uns keine Rechenschaft schuldig.
- ☺ Kein Mensch ist vollkommen.
- ☺ Akzeptieren Sie jeden Menschen so, wie er ist.
- ☺ Erwarten/Fordern Sie nicht, dass Menschen anders sein sollten, als sie sind.
- ☺ Akzeptieren Sie die Schwächen anderer.
- ☺ Versuchen Sie nicht andere zu ändern.

☺ Um jemanden zu akzeptieren, muss man nicht alles an ihm mögen.

☺ Jeder Mensch hat seine Gründe für sein Verhalten, auch wenn wir diese nicht immer erkennen können.

Glücksbringer: Nicht ärgern

Es folgt ein Tipp aus der Kategorie „Leichter gesagt, als getan." ;-) Trotzdem will ich Ihnen auch diesen Rat nicht vorenthalten. Es geht wieder einmal um unsere Einstellung zu den Dingen. In diesem Fall speziell darum, warum es sich nicht lohnt, sich über irgendetwas zu ärgern.

Anlässe zum Ärgern gibt es leider mehr als genug:

- ☹ Jemand nimmt Ihnen auf dem Weg zum Büro die Vorfahrt.
- ☹ Der Nachbar mäht während der Mittagsruhe seinen Rasen.
- ☹ Die Nachbarskinder machen einen Höllenlärm, sodass Sie nicht in Ruhe lesen können.
- ☹ Ein Kollege lässt eine Menge Arbeit für Sie zurück.
- ☹ Ihr Partner hat mal wieder vergessen, den Müll rauszubringen.
- ☹ Ein Bekannter hat wieder mal vergessen, das ausgeliehene Buch zurückzugeben.
- ☹ Ein Politiker hat wieder einmal gelogen.

Sie sehen schon: Diese Liste ließe sich ohne Mühe noch seitenweise weiterführen. Sie zeigt, dass es theoretisch möglich wäre, sich den ganzen Tag lang über Hunderte von verschiedenen Dingen zu ärgern. Und es gibt tatsächlich nicht wenige Menschen, die genau das tun. Sicher kennen Sie auch so jemanden.

Ärgern ist für den Menschen eine anstrengende Angelegenheit. Man fühlt sich hinterher unzufrieden, unangenehm aufgeregt und erschöpft.

Da fragt man sich, was das Ärgern denn eigentlich bringt, wenn wir uns so sehr dafür anstrengen.

Die Antwort lautet schlicht und ergreifend: „Nichts!“

Ärgern bringt uns außer schlechten Gefühlen gar nichts. Durch das Ärgern wird kein einziges Problem gelöst.

Unser(e) Widersacher werden dadurch nicht von unserer Meinung überzeugt. Ganz im Gegenteil, wenn der Ärger in Streit ausartet, werden sie sogar noch stärker auf ihrer Meinung beharren. Durch so einen Streit können gute Beziehungen oder gar Freundschaften zerbrechen.

Ärgern schadet der Gesundheit:

Ärgern ist in jeder Hinsicht schädlich für Sie. Insbesondere das Herz-Kreislaufsystem wird beim Ärgern stark belastet. Der Blutdruck steigt, der Puls wird beschleunigt, das Blut schießt in den Kopf.

Während diese Reaktionen noch in der Steinzeit ihren Sinn hatten (der Körper schaltet auf Angriff, um einer Gefahr zu begegnen), entsteht heute dadurch nur noch ungesunder Stress.
Durch das Ärgern bestrafen Sie also nicht die Ursache Ihres Ärgers, sondern nur sich selbst. Und wer will das schon?

Wie verhalten sich glückliche Menschen?

Ärgern sich glückliche Menschen nie? Oder sind Menschen, die sich nie ärgern, deshalb glücklich?

Um das herauszufinden, beobachten Wissenschaftler glückliche Menschen im Hinblick darauf, wie diese sich in typischen Ärger- und Stresssituationen verhalten.

Sicher haben Sie schon geahnt, wodurch sich glückliche von weniger glücklichen Menschen auch bei diesem Thema unterscheiden.

Glückliche Menschen:

- ☺ Akzeptieren Dinge, die sie nicht ändern können
- ☺ Tragen Ärger nicht lange mit sich herum
- ☺ Werden nicht wütend
- ☺ Vergessen Unfreundlichkeiten anderer nach kurzer Zeit
- ☺ Versuchen sich auch im Streit in den jeweils Anderen hineinzuversetzen

Vielleicht denken Sie jetzt: „Das ist ja ganz gut und schön. Man kann sich aber nicht einfach entscheiden, sich nicht zu ärgern. Wenn der Ärger kommt, kann ich nichts dagegen tun.“

Tatsache ist: Das ist falsch!

Ärgern ist zwar meist eine spontane, aber keine automatische Reaktion auf einen Auslöser. Das heißt, wir können uns entscheiden, ob wir uns über etwas ärgern wollen oder nicht.

Das ist nicht immer einfach und wer sich oft und heftig ärgert, hat diese Fähigkeit seines Gehirns so gut trainiert, dass die Reaktion fast schon unausweichlich scheint.

Tatsächlich gibt es einige Menschen, die so sehr von Wut und Ärger beherrscht werden, dass sie dabei sogar gewalttätig werden. Während in solch extremen Fällen eine Therapie notwendig ist, reichen im Normalfall einige Grundregeln aus, um aus der Ärger- und Wutfalle zu entkommen.

Dazu ist es sinnvoll, nicht erst dann zu reagieren, wenn wieder eine Situation zum Ärgern auftritt, sondern bereits vorher einige Verhaltensregeln festzulegen.

Checkliste Ärger:

Stellen Sie sich diese Fragen, wenn Sie sich beim nächsten Mal über etwas ärgern.

- **?** Ändert mein Ärger irgendetwas an der Situation? (Außer, dass ich mich schlechter fühle?)

- **?** -Kann ich mich in den Anderen hineinversetzen? Würde ich vielleicht in seiner Situation ähnlich handeln?

- **?** Was bringt es mir tatsächlich ein, wenn ich bei diesem Streit „gewinne"?

- **?** Lohnt es sich für diese Sache tatsächlich, meinem Körper den Stress des Ärgerns zuzumuten?

- **?** Versetzen Sie sich in die Zukunft. Ist der Streit oder der Ärger auch mit dem Abstand von Monaten oder Jahren noch erwähnenswert.

- **?** Gab es in der Vergangenheit ähnliche Situationen? Hat mir der Ärger damals außer Stress irgendetwas eingebracht?

Wussten Sie schon?

… dass das „Herauslassen“ von Ärger keineswegs dazu führt, dass man sich besser fühlt?

Die Annahme, dass man mal so richtig „Dampf ablassen“ müsse, um seinen Ärger loszuwerden, ist falsch. Es führt keineswegs zu einer Entspannung, wenn man seinem Ärger einmal so richtig „Luft macht“.

Ganz im Gegenteil schaden die bereits genannnten Folgen des Ärgerns unserer Gesundheit. Im Gehirn bewirkt das Ärgern nichts anderes, als dass das Ärgern bei der nächsten Gelegenheit noch leichter fällt. Die Bereiche im Gehirn, die für Aggression und Wut zuständig sind, wachsen dadurch.

Das heißt, je öfter Sie sich ärgern oder Ihre Wut lautstark herauslassen, steigern Sie die Bereitschaft Ihres Gehirns wieder so zu reagieren. Sie werden also zukünftig noch leichter „aus der Haut fahren" und sich häufiger und stärker ärgern als jetzt.

Tipp:

Da es in einer akuten Stresssituation schwierig ist, sich die guten Argumente gegen das Ärgern ins Gedächtnis zu rufen, sollten Sie sich schon vorher darauf vorbereiten.

Legen Sie sich einen Plan zurecht, wie Sie beim nächsten potenziellen Streit reagieren wollen.

Dazu ist es hilfreich, einen Gedanken als Anker zu benutzen. Das könnte zum Beispiel sein:

- ☺ Stop! Diesmal bleibe ich ganz ruhig.
- ☺ Stop! Ich zähle von 10 zurück nach 0, bevor ich reagiere oder antworte.

Wichtig ist, dass der Anker in einer Stresssituation jederzeit sofort abrufbar ist.

Deshalb sollte er möglichst einfach sein. Ein Wort, oder eine kurzer Satz reicht aus.

Glücksbringer: Ziele verfolgen

Zitat:

„Kein Wind ist demjenigen günstig, der nicht weiß, wohin er segeln will."
(Michel de Montaigne)

Ein Ziel zu haben oder nicht, macht oft den Unterschied aus, ob wir das Gefühl haben, dass es sich lohnt, morgens aufzustehen oder nicht.

Wer Ziele hat, gibt dem eigenen Leben einen Sinn und hat etwas, worauf er sich freuen kann.

Menschen, die keine Aufgabe oder kein Ziel in ihrem Leben haben, sind oft unglücklich, weil sie keinen Sinn in ihrem Leben sehen können.

☹ Ohne Ziele gibt es keinen Sinn.

☹ Ohne Sinn gibt es kein Glück.

Eigene Ziele herausfinden:

Eine erprobte Methode, sich darüber klar zu werden, was man im eigenen Leben tun oder erreichen möchte, ist die sogenannte Lebensende-Methode.

Bei dieser Technik stellt man sich vor, dass man Ende des eigenen Lebenswegs angekommen ist.

In einer Rückschau betrachtet man das eigene Leben und denkt darüber nach, was man auf jeden Fall tun würde, wenn man noch einmal die Chance hätte, das eigene Leben anders zu gestalten.

Versetzen Sie sich gedanklich an das Ende Ihres Lebens. Was würden Sie bedauern, nicht getan zu haben?

? Worüber würden Sie nachdenken?

? Was hätten Sie gerne getan?

? Was würden Sie tun, wenn Sie noch einmal die Chance für einen Neuanfang hätten?

? Welche Reisen hätten Sie gerne unternommen?

? Welcher Mensch wären Sie gerne geworden?

? Mit welchen Menschen hätten Sie lieber Ihre Zeit verbraucht?

? Was sollen andere an Ihrem Grab über Ihr Leben sagen können?

? Wegen was möchten Sie gerne in Erinnerung bleiben?

Die „Gute Fee"-Methode

Ein anderes Mittel, um die Ziele zu entdecken, die einem selbst besonders wichtig sind, ist die Methode „Gute Fee".

Hierbei stellen Sie sich vor, eine gute Fee würde Ihnen genau drei Wünsche gewähren. Stellen Sie sich auch vor, die Fee ist so klug, die Möglichkeit des Wünschens weiterer Wünsche auszuschließen ;-)

Sie dürfen je einen Wunsch in folgenden drei Kategorien wünschen:

- Eine Fähigkeit (z. B. Klavierspielen können, einen Flugschein/Segelschein besitzen, Zeichnen können, eine Fremdsprache wirklich gut beherrschen etc.)

- Eine Reise unternehmen (Individualreise/Pauschalreise, Wandern, Schiffsreise etc.)
- Etwas Bestimmtes erreichen (einen 5000er besteigen, einen Marathon laufen, Chef in der eigenen Firma sein, ein Studium absolvieren, Arzt werden etc.)

Überlegen Sie genau, welches Ihr Wunsch wäre. Umso eindeutiger Sie eine Entscheidung treffen können, umso besser.

Sie haben also nun herausgefunden, was Sie wirklich gerne in Ihrem Leben tun würden. Was sollten Sie als nächstes tun?

Sofort beginnen!

Unter Umständen regt sich jetzt der innere Kritiker. Ihnen kommen Einwände in den Sinn wie z. B.

☹ Dazu habe ich keine Zeit ...

☹ Ich muss für meine Familie sorgen, bevor ich meine eigenen Ziele verfolge ...

☹ Das schaffe ich sowieso nie ...

☹ Ein schöner Traum. Daraus wird wohl nichts ...

☹ Ich kann doch nicht so einfach …

☹ Dafür bin einfach zu alt ...

Diese Einwände sind unter Umständen nicht unberechtigt. Die Frage ist aber, wie wichtig ist es Ihnen wirklich, Ihre Ziele oder zunächst mal eines Ihrer Ziele zu erreichen?

Ein Beispiel:

Wenn Sie Mutter sind, und davon träumen, in Ihrem Beruf Karriere zu machen, macht es keinen Sinn, wenn Sie mit Ihren Kindern zu Hause sitzen und unglücklich sind. Tatsächlich könnten Sie sogar eine bessere Mutter sein, wenn Sie auch Ihre eigenen Wünsche berücksichtigen. (Dasselbe gilt natürlich auch für Väter, die allerdings deutlich seltener in der gleichen Situation sind.)

Genau wie das Leben sind Ihre Optionen hier in der Regel nicht Schwarzschweiß. In den allermeisten Fällen gibt es Kompromisse, die Ihrer Lebenswirklichkeit und Ihren Träumen gerecht werden könnten.

Beginnen Sie also jetzt sofort.

Legen Sie sofort damit los, den ersten Schritt zum Erreichen Ihres Traumzieles zu machen. Es spielt keine Rolle, wie klein der Anfang ist. Wichtiger ist, dass Sie anfangen.

Wenn Sie für Ihr Traumziel Geld benötigen, fangen Sie damit an, es zu verdienen. Beginnen Sie auf der Stelle zu planen, wie lange Sie benötigen werden, den erforderlichen Betrag zur Seite legen zu können.

Machen Sie einen Plan, schreiben Sie auf, welche einzelnen Schritte Sie zum Erreichen Ihres Zieles zurücklegen müssen.

Es spielt dabei keine Rolle, wie aussichtsreich Ihre Pläne zurzeit aussehen. Wichtig ist, dass Sie überhaupt Pläne haben und daran arbeiten, Ihre Ziele zu erreichen.

Ermutigen Sie sich selbst! Gedanken wie „Das klappt sowieso nicht.“ oder „Ich bin dazu zu dumm oder ungeschickt.“ dürfen Sie nicht von Ihren Plänen abbringen. Selbstzweifel hat fast jeder, der ein größeres Ziel verfolgt.

Was kann schon passieren? Schlimmstenfalls erreichen Sie Ihr Ziel nicht, aber ist es nicht viel besser, es zu versuchen, als erst gar nicht damit zu beginnen?

Zitat:

„Es mag sein, dass ich meine Ziele nie erreichen werde, aber ich kann sie schauen, mich an ihnen erfreuen und sehen, wohin sie mich leiten.“
(Louisa M. Alcott)

Was viele vergessen:

Dass der Weg das Ziel ist, ist nicht nur eine Phrase aus einem Glückskeks beim Chinesen um die Ecke.

Vielmehr ist es tatsächlich so, dass die Anstrengungen und einzelnen Schritte auf dem Weg zu einem Ziel nicht selten mehr Vergnügen bereiten, als das Erreichen des Ziels selbst.

Manche Ziele möchte man auch gar nicht ganz und gar erreichen, weil der Spaß beim endgültigen Erreichen des Ziels oft gar nicht so groß ist, wie man anfangs meinte.

Wer kennt das nicht? Endlich hat man den neuen Job, das tolle Haus und den Partner, auf den man schon seit Jahren ein Auge geworfen hat. Im allerersten Moment ist man natürlich glücklich darüber, es endlich geschafft zu haben. Aber schon nach wenigen Tagen oder Wochen merkt man, dass das Glück allmählich nachlässt.

Man gewöhnt sich an das neue Auto, das neue Haus oder den neuen Partner. Ganz am Rande der Wahrnehmung fallen einem auch schon so ein paar Kleinigkeiten auf, die doch nicht 100%ig so sind, wie man es erwartet hatte.

Leider fällt jetzt auch die Vorfreude plötzlich weg. Man kann sich nicht mehr in schönen Tagträumen vorstellen, wie schön es sein wird, wenn man endlich hat, was man so lange begehrte.

Nach einigen Wochen ist dann das Glücksgefühl, das direkt nach dem Erreichen des Ziels noch vorhanden war, aufgebraucht und verflogen.

Es lohnt sich also immer, damit zu beginnen, ein gesetztes Ziel zu erreichen. Die Befriedigung und die Glücksgefühle, die damit verbunden sind, sind auf jeden Fall real und völlig unabhängig davon, ob Sie das festgesteckte Ziel tatsächlich irgendwann einmal erreichen.

Tipp:

Ganz geschickte Glückssucher wählen Ziele, bei denen der es keinen klaren Zielpunkt gibt.

So sind zum Beispiel das Erlernen eines Musikinstrumentes oder einer Fremdsprache Fähigkeiten, die bis ans Lebensende immer weiter verbessert und verfeinert werden können.

Auf diese Weise kann der Spaß auf dem Weg zum Ziel ein Leben lang andauern.

Aufgabe:

- ✓ Erstellen Sie eine Liste mit Ihren Zielen.
- ✓ Unterscheiden Sie zwischen Zielen, die Sie kurzfristig erreichen können und solchen, die eine länger Zeit benötigen.
- ✓ Erarbeiten Sie die einzelnen Schritte, die Sie bis zum Erreichen eines Zieles gehen müssen.
  Legen Sie genau fest, wann jeder einzelne Schritt erreicht ist.

Gehen Sie Schritt für Schritt vor.

Schauen Sie sich diese Liste mindestens einmal am Tag an. Hilfreich ist es, sie morgens nach Aufstehen und abends vor dem Schlafengehen durchzulesen.

Überprüfen Sie Ihre Liste regelmäßig darauf hin, ob die notierten Ziele noch eine unverändert hohe Priorität haben. Genau wie das Leben selbst, ändern sich auch Träume und Wünsche.

Aktualisieren Sie die Liste deshalb regelmäßig.

Glücksbringer: Leben in der Gegenwart

In Anlehnung an den Werbespruch einer großen Möbelhauskette könnte die entscheidende Frage lauten „Lebst du schon, oder wartest nur noch auf irgendetwas?“

Tatsächlich gibt es viele Menschen, die ihr Leben damit verbringen, auf den Zeitpunkt zu warten, an dem sie endlich glücklich und zufrieden sein dürfen. Bei all der Warterei bemerken sie allerdings gar nicht, dass das Leben an ihnen vorbeiläuft und der ersehnte Zeitpunkt nie kommt.

Typische Warteschleifen sind:

- ☹ warten, bis mehr Geld da ist
- ☹ warten, bis mehr Freizeit da ist
- ☹ warten, bis die Rente da ist
- ☹ warten, bis die Kinder aus dem Haus sind
- ☹ warten, bis man 5 Kilo abgenommen hat
- ☹ warten, bis die Beförderung da ist

So scheitern zum Beispiel Reisewünsche, die aufs Rentenalter verschoben werden, nicht selten daran, dass die ersehnte Reise aus gesundheitlichen Gründen gar nicht mehr angetreten werden kann.

Es gibt keinen Grund, mit dem Glücklichsein zu warten.

Ein anderes Zeitphänomen, das uns oft vom Glücklichsein abhält, ist das Grübeln über Dinge, die in der Vergangenheit schlecht oder falsch gelaufen sind.

Oft leiden Menschen ihr Leben lang darunter, dass sie Dinge, die in der Vergangenheit passiert sind, nicht loslassen können. Das Festhalten an längst vergangenem Streit und Ärger ist aber eine der sichersten Methoden uns am Glücklichsein zu hindern.

Lassen Sie die Vergangenheit ruhen. Sie müssen auch nichts bedauern, was Sie in der Vergangenheit getan oder verpasst haben. Akzeptieren Sie, dass die Vergangenheit vorbei ist, und freuen Sie sich darüber, dass Sie in der Zwischenzeit etwas gelernt haben, und dass Sie heute vielleicht anders handeln und denken als damals.

Verderben Sie sich nicht das Heute durch das Festhalten an Vergangenem.

Leben in der Vergangenheit oder in der Zukunft hindert uns am Glücklichsein in der Gegenwart!

Wie kann man im Hier und Jetzt leben?

Das Leben im Hier und Jetzt hat viel mit Achtsamkeit zu tun. Sicher haben Sie schon von Achtsamkeit im Zusammenhang mit fernöstlichen Meditationsformen gehört.

Beispiele:

- ☺ Nehmen Sie genau wahr, was um Sie herum vorgeht.
- ☺ Beachten Sie die Farben, Formen und Bewegungen der Dinge um Sie herum.
- ☺ Achten Sie darauf, was Sie hören.
- ☺ Achten Sie darauf, was Sie schmecken.
- ☺ Achten Sie darauf, was Sie riechen.
- ☺ Spüren Sie Ihren Körper. Tasten Sie in Gedanken Ihren Körper von den Zehen bis zur Kopfhaut ab.
  Wie fühlt sich das an? Gibt es irgendwo Spannungen oder Schmerzen?

- ☺ Spüren Sie Ihren Atem. Beobachten Sie wie der Atem fließt.
- ☺ Leben Sie heute. Verschieben Sie Genuss nicht unnötig auf später. Tragen Sie Ihr neues Kleid heute und nicht erst, wenn sich eine Gelegenheit dazu ergibt.
- ☺ Vergeben Sie Menschen, mit denen Sie zerstritten sind. Lassen Sie diese negativen Gefühle noch heute los.
- ☺ Achten Sie auf Ihre Gedanken. Gibt es negative Gedanken? Ist Ihr innerer Kritiker aktiv? Beobachten Sie Ihre Gedanken, ohne sie zu bewerten.
- ☺ Akzeptieren Sie Ihr Leben und den aktuellen Augenblick, so wie er ist. Bewerten Sie nichts. Vermeiden Sie, dass Ihre Gedanken in die Vergangenheit oder in die Zukunft abschweifen.
- ☺ Verschieben Sie Ihre Wünsche nicht auf irgendwann. Verschieben Sie Ihr Glücklichsein nicht auf irgendwann.

Das Leben in der Zukunft macht nicht glücklich. Wenn wir immer warten würden, bis alle vermeintlichen Voraussetzungen erfüllt sind, kämen wir wohl nie dazu glücklich zu sein.
Worauf warten Sie also noch?

Was tun, in schwierigen Zeiten?

Ein Mittel, um schwierige Zeiten zu überstehen, ist es, Tag für Tag zu leben. Das bedeutet, kein Bedauern, sondern täglich neu, die Realität so zu akzeptieren, wie sie ist.

Machen Sie immer einen Schritt nach dem anderen. Grübeln Sie nicht heute schon ängstlich darüber nach, was irgendwann in der Zukunft geschehen könnte.

Sorgen Sie vor, so gut Sie können, aber auch nicht mehr. Es gibt keine Versicherung, dass die Dinge in der Zukunft so laufen, wie wir sie uns wünschen.

Auch wenn es Ihnen vielleicht in dem Moment schwerfällt, versuchen Sie es einfach einmal auf diese Weise. Vor Ihnen haben schon viele Menschen ihre Probleme auf diese Weise erfolgreich in den Griff bekommen.

Glücksbringer: Wünschen, aber richtig

Es gibt viele Ideen und Vorgehensweisen, die der Erfüllung der eigenen Wünsche dienen sollen.

Die einfachste, und beste, Methode besteht ganz einfach darin, die eigenen Wünsche zu äußern, oder jemanden darum zu bitten.

Umso mehr Menschen Sie mitteilen, was Sie wünschen, oder wonach Sie suchen, desto größer ist die Wahrscheinlichkeit, dass Sie auf jemanden stoßen, der bei der Erfüllung Ihrer Wünsche hilfreich sein kann.

Insbesondere, wenn Sie das Gefühl haben, dass Ihre Wünsche und Bedürfnisse in Ihrem Alltag zu kurz kommen, sollten Sie sich mit diesem Glücksbringer-Tipp beschäftigen.

Der häufigste Grund, warum Menschen es nicht schaffen, ihre Wünsche zu äußern, besteht darin, dass sie denken, sie hätten es nicht verdient, oder seien egoistisch, wenn sie eigene Bedürfnisse äußern.

Typisch sind solche Gedanken:

- ☹ Es ist mir unangenehm, diesen Wunsch zu äußern.
- ☹ Meine Wünsche/Bedürfnisse sind nicht so wichtig.
- ☹ Der Andere könnte denken, dass ich unverschämt bin.
- ☹ Der Andere könnte denken, dass ich egoistisch bin.
- ☹ Auf meine Wünsche achtet ohnehin niemand.
- ☹ Man sollte die eigenen Bedürfnisse dem Partner, dem Freund oder der Familie unterordnen.
- ☹ Wenn ich das fordere, mögen mich die anderen vielleicht nicht mehr.

☹ Das sollte er/sie eigentlich von selbst merken.

☹ Wenn ich das extra sagen muss, stimmt mit unserer Beziehung etwas nicht.

☹ Der Andere könnte meinen Wunsch ablehnen.

☹ Wenn mein Wunsch abgelehnt wird, wäre das eine Katastrophe.

☹ Ich weiß jetzt schon, dass er/sie das ablehnen wird.

☹ Irgendwann wird sich mein Wunsch von selbst erfüllen.

☹ Es hat keinen Sinn zu fragen, weil ich früher bereits einmal vergeblich gefragt habe.

☹ Wenn mich der andere wirklich mag, müsste er/sie merken, was ich will.

Tipp:

Insbesondere, wenn man wenig Übung darin hat, die eigenen Bedürfnisse zu vertreten, ist es anfänglich nicht ganz leicht, beim Äußern von Wünschen den richtigen Ton zu treffen.

Stellen Sie keine Vermutungen darüber an, was der Andere sagen wird.

Ganz wichtig dabei ist, dass Sie Ihre Wünsche nicht wie eine Forderung äußern. Das setzt den Anderen unter Druck und er wird wahrscheinlich automatisch ablehnen.

Vermeiden Sie auch, dass Ihre Äußerungen wie ein Vorwurf klingen.

Grundsätzlich ist es besser, Wünsche in der Ichform zu äußern:

☹ „Du gehst nie mit mir ins Kino."

☺ „Ich würde mir wünschen, dass wir ab und zu einmal ins Kino gehen würden.“

Denken Sie daran: Das Schlimmste, das passieren kann, ist, dass einer Ihrer Wünsche abgelehnt wird. Geben Sie dann nicht auf. Die Wahrscheinlichkeit, dass Ihre Wünsche bei einer anderen Frage respektiert werden, ist sehr groß. Wenn Sie aber Ihre Bedürfnisse nicht äußern bekommen Sie mit Sicherheit gar nichts.

Es ist nicht das Wichtigste, dass wir immer bekommen

Wichtig:

, was wir wünschen. Denn das wird sicher nicht immer der Fall sein. Viel wichtiger ist, dass wir

… herausfinden, welche Wünsche und Bedürfnisse wir haben.

… diese Wünsche in angemessener Form äußern können.

… mit Erfolg und Misserfolg unserer Wünsche gut umgehen können.

Auch etwas nicht zu bekommen ist in Ordnung. Sie werden sich aber auch in diesem Fall besser fühlen, als wenn Sie Ihren Wünsche gar nicht erst geäußert hätten.

Vorfreude macht Spaß!

Auch wenn es auf den ersten Blick so scheint. Die Erfüllung eines Wunsches ist nur ein Teil dessen, was uns beim Wünschen glücklich macht. Vielmehr spielt auch die Vorfreude eine große Rolle dabei. Vielleicht ist sogar diese Vorfreude, der Teil des Wünschens, der mehr und vor allem länger zu unserem Glück beiträgt.

Vorfreude dauert länger an

Im Vergleich zu dem Glücksmoment, den wir erleben, wenn wir ein großes Ziel tatsächlich erreicht haben, ist die Vorfreude weniger intensiv.

Dafür hat sie den entscheidenden Vorteil, dass sie länger andauert. Während die Freude an einer Urlaubsreise meist schon kurz nach Urlaubsende wieder verflogen ist, kann die Vorfreude darauf monatelang andauern!

Wussten Sie schon ...

... dass schon die Vorfreude auf ein Ereignis den Endorphin-Spiegel anhebt und Stress abbaut?

Genau das haben Forscher an der University of California kürzlich herausgefunden.

Tipp:

Es gibt einige Dinge, bei denen die Vorfreude per se relativ lange andauert.

Ein Beispiel dafür sind Urlaubsreisen. Eine Reise wird oft schon monatelang (und manchmal noch länger) vor Reiseantritt geplant. Bereitet man den Urlaub gut vor, kann man sich in dieser Zeit immer wieder darauf freuen.

Man kann zum Beispiel:

☺ Reisekataloge wälzen

☺ Reiseführer lesen

☺ Fotos / Bildbände vom Reiseziel anschauen

☺ Dokumentar- oder Spielfilme anschauen, in denen der Urlaubsort gezeigt wird

☺ Webseiten nach Informationen zum Ferienziel durchsuchen

☺ Hotelbewertungen studieren

☺ Musik aus der Ferienregion anhören

☺ die Sprache des Urlaubslandes erlernen

☺ tagträumen vom Urlaubsort

Tipp

Statt einmal im Jahr einen längeren Urlaub zu machen, ist es sinnvoll mehrere Kurzurlaube zu planen.

Auf diese Weise besteht die Vorfreude auf den nächsten Trip fast das ganze Jahr über.

Auch Wochenendreisen, zum Beispiel Städtetouren, haben diesen Effekt. Sie haben zudem den Vorteil, dass Sie diese unabhängig vom Resturlaub fast jederzeit unternehmen können.

Glücksbringer: Gute Beziehungen

Zitat:

„Von allen Geschenken, die uns das Schicksal gewährt, gibt es kein größeres Gut als die Freundschaft - keinen größeren Reichtum, keine größere Freude.“
(Epikur von Samos - griechischer Philosoph)

Der Mensch ist ein soziales Wesen. Ohne die Gesellschaft kann der Mensch nicht existieren. Das wusste bereits Aristoteles und es ist seitdem von Philosophen, Soziologen und auch von Glücksforschern immer wieder bestätigt worden.

Ohne Beziehungen ist das Leben leer. Das hat auch der amerikanische Psychologe Michael Argyle herausgefunden. Er stellte fest, dass Einsamkeit ein hohes Lebensrisiko darstellt, und fand heraus, dass einsame Menschen im Vergleich mit dem Durchschnitt ein doppelt so hohes Risiko haben, im folgenden Jahr zu sterben. Die statistische Verschlechterung der Lebenserwartung war sogar noch größer als beim Risikofaktor Rauchen.

Wie wichtig Freunde, Verwandte und auch einfach nur Bekannte sind, stellt man leicht fest, wenn man sich vorstellt, wie öde das Leben wäre, wenn wir alles allein tun müssten.
Ganz gleich, ob Urlaub, ein Kinobesuch oder auch nur die Mittagspause. Ganz allein machen diese Dinge nicht viel Spaß.
Selbst wenn man vielleicht ganz froh ist, ab und zu einen Abend ganz alleine zu verbringen, wenn das zum Dauerzustand wird, macht es uns unglücklich.

Nicht umsonst heißt das Sprichwort:

„Geteiltes Leid, halbes Leid - Geteilte Freude, doppelte Freude“

Etwas Positives mit jemand teilen zu können, vergrößert die Freude. Was nützt der schöne neue Wagen, wenn man niemanden hat, dem man ihn zeigen und den man zu einer Probefahrt einladen könnte?

Umgekehrt ist es bei Belastungen und Verantwortung. Hier hilft das Teilen, die Bürde leichter tragen zu können.

So findet und bewahrt man Freunde:

Um ein gutes Verhältnis zu seinen Mitmenschen und insbesondere zu seinen Freunden zu erhalten, sollte man folgende Tipps unbedingt beachten.

Freunde muss man so akzeptieren, wie sie sind. Versuche, einen Freund zu ändern, führen meist zum Ende der Freundschaft.

Jeder Mensch hat seine guten und weniger guten Seiten. Versuchen Sie bei einem Freund, immer die guten Seiten zu sehen. Bei Menschen, die Ihnen nicht wichtig sind, ignorieren Sie zumindest die schlechten Seiten.

Toleranz ist das wichtigste Mittel, um mit anderen Menschen gut auszukommen. Lassen Sie jeden leben, denken und handeln wie er oder sie es mag. Wenn Sie die Eigenheiten einer Person nicht tolerieren können, ignorieren Sie sie wenigstens.

Tipp:

Glücksforscher haben herausgefunden, dass verheiratete Menschen im Schnitt glücklicher und gesünder sind als Singles.

Wahrscheinlich ist hier aber nicht die Heiratsurkunde ausschlaggebend, sondern eher das Leben in einer lang andauernden stabilen Partnerschaft.

Sie müssen also nicht sofort zum Standesamt laufen, um glücklicher zu werden. Allerdings macht eine dauerhafte Beziehung zu einem Partner glücklicher, als häufig wechselnde oder gar keine Beziehungen zu haben.

Natürlich kann man auch ohne festen Partner glücklich werden. Die Unabhängigkeit als Single muss allerdings - zumindest statistisch - mit ein paar Prozentpunkten weniger Glück bezahlt werden.

Behandeln Sie die Menschen in Ihrem Leben gut!

Oft betrachten wir es als selbstverständlich, dass es in unserem Leben Menschen gibt, die uns lieben und die wir selbst lieben. Dabei vergessen wir häufig, diesen Menschen zu zeigen, was sie für uns bedeuten. Nicht selten denken wir einfach gar nicht darüber nach. Erst wenn eine Beziehung zerbricht, oder wenn wir einen geliebten Menschen verlieren, wird uns klar, wie viel uns der andere bedeutet hat.

☺ Behandeln Sie die Menschen, die Ihnen etwas bedeuten, so, als würden Sie sie nicht (oder zumindest für lange Zeit nicht) wiedersehen (was ja auch durchaus passieren könnte)

☺ Sagen Sie, wie viel der Andere Ihnen bedeutet. Auch wenn wir denken, dass das doch „völlig klar" ist, ist es das oftmals nicht.

☺ Manchmal ahnen gute Freunde gar nicht, wie sehr man sie wirklich mag.

☺ Gehen Sie nie im Streit auseinander. Das gilt sowohl für die eigenen Kinder, den Partner als auch für alle anderen Menschen, an denen Ihnen etwas liegt. Man weiß nie, ob oder in welcher Situation man den anderen wiedersehen wird.

Besonders Männer haben oft Schwierigkeiten, ihren Freunden zu sagen, dass sie sie mögen und dass sie ihnen wichtig sind. Wenn es gar nicht anders geht, hilft es manchmal auch einfach die Hand auf dic Schulter des Freundes zu legen, oder ihm ein Bier auszugeben ;-)

Zitat:

„Der beste Weg, einen Freund zu haben, ist der, selbst einer zu sein.“
(Ralph Waldo Emerson)

Glücksbringer: Dankbarkeit

Zitat:

> *„Nicht die Glücklichen sind dankbar. Es sind die Dankbaren, die glücklich sind."*
> *(Francis Bacon)*

Für das Gute im eigenen Leben dankbar zu sein, erzeugt automatisch ein Gefühl der Zufriedenheit und des Glücks.

Für etwas dankbar zu sein, hat zusätzlich den Effekt, dass unsere Aufmerksamkeit auf die Objekte der Dankbarkeit gelenkt wird. Oft wird uns erst dann klar, wie viele dankenswerte Dinge es in unserem Leben gibt, wenn wir uns die Mühe machen, sie in eine Dankbarkeitsliste einzutragen.
Es macht übrigens durchaus Sinn, eine solche Liste tatsächlich zu Papier zu bringen.

Tipp

Erstellen Sie Ihre eigene Dankbarkeitsliste.

Schreiben Sie alles auf, wofür Sie in Ihrem Leben dankbar sein können.

Wenn Ihnen nichts einfällt, versetzen Sie sich in die Lage eines Menschen aus der sogenannten Dritten Welt oder aus einem Land, in dem Krieg herrscht. Wofür würde er dankbar sein, wenn er in Ihrer Situation wäre?

Vergessen Sie auch die (für uns) scheinbar selbstverständlichen Dinge nicht:

- ☺ froh sein, zu leben
- ☺ Ihre Familie (Kinder, (Ehe-) Partner)

☺ Ihre eigene Gesundheit (auch dafür, sehen, hören, sprechen und gehen zu können, das ist schließlich nicht selbstverständlich!)

☺ Ihr Zuhause (gleich ob Wohnung oder Haus)

☺ die Versorgung mit sauberem Trinkwasser

☺ ausreichend gutes und gesundes Essen

☺ die gute medizinische Versorgung

☺ ein Leben in Sicherheit ohne Krieg und Gewalt

☺ leben in einer Demokratie und Meinungsfreiheit

☺ eine Arbeit, für die Sie bezahlt werden

Lesen Sie die Liste, jedes Mal, wenn Sie das Gefühl haben, zu kurz zu kommen, oder unglücklich darüber zu sein, dass Sie sich einen Wunsch nicht erfüllen können.

Tipp:

Beginnen und beenden Sie jeden Tag damit, sich ein oder zwei Minuten Zeit zu nehmen, um darüber nachzudenken, wofür Sie dankbar sein können.

Denken Sie dabei auch an die scheinbar selbstverständlichen Dinge wie Ihre Wohnung, das gute Essen und Ihre Familie.

Ein Leser hat folgenden guten Vorschlag gemacht: Denken Sie jedes Mal, wenn Sie Wasser aus dem Wasserhahn laufen lassen, daran, wofür Sie dankbar sein können! Das funktioniert gut als Erinnerung und macht uns gleichzeitig darauf aufmerksam, dass sauberes Trinkwasser ebenfalls ein Privileg ist, das nicht selbstverständlich ist.

Das Glückstagebuch

Menschen, die über ihr Glück Buch führen, sind glücklicher! Das ist das Ergebnis mehrerer Studien des US-Wissenschaftlers Robert Emmons.

In einer dieser Untersuchungen wurde einer von zwei Probandengruppen zur Aufgabe gemacht, jeden Tag die Dinge zu notieren, für die sie an diesem Tag dankbar sein konnten. Die zweite Gruppe führte kein solches Tagebuch.

Nach Ablauf von zwei Wochen wurde die Lebenszufriedenheit beider Gruppen durch Tests ermittelt. Das Ergebnis zeigte, dass die Zufriedenheit der Gruppe, die das Dankbarkeitstagebuch geführt hatte, deutlich angestiegen war, während die der zweiten Gruppe unverändert blieb.

Dieses und ähnliche Untersuchungsergebnisse zeigen eindeutig: Man ist glücklicher, wenn man seine Aufmerksamkeit auf die guten Dinge im Leben richtet.

Das hat nichts damit zu tun, sich Dinge „schönzureden" oder Probleme durch „Positives Denken" zu verleugnen.

Sie sollen sich nichts einreden oder schönfärben. Tatsächlich geht es darum, die Aufmerksamkeit stärker auf die guten Dinge im Leben zu richten, oder diese überhaupt bewusst wahrzunehmen.

Dies fällt uns Menschen oft gar nicht leicht. Vielmehr verbringen wir einen großen Teil unserer wertvollen Zeit damit, uns mit negativen oder fehlerhaften Dingen zu beschäftigen.

Das Glückstagebuch/Dankbarkeitstagebuch bietet die Chance innezuhalten und unseren Geist, zumindest für eine kurze Zeitspanne, in eine positivere Richtung zu lenken.

Glücksbringer: Gute Erinnerungen

Erinnerungen an schöne Ereignisse machen glücklich. Das sagen sowohl die eigene Erfahrung als auch eine ganze Reihe von Forschungsergebnissen der Glücksforschung.

Der Mechanismus, der dahintersteckt, ist die Fähigkeit des Gehirns, durch Erinnerungen die gleichen Gefühle hervorzurufen, wie bei dem ursprünglichen Erlebnis.

Wie stark die Gefühle dabei sind, hängt vor allem von der Intensität der Erinnerung ab. Erinnerungen an Ereignisse, die schon lange zurückliegen, oder solche, die keinen besonderen Eindruck auf uns gemacht haben, sind naturgemäß eher schwach.

Andere können ein Leben lang sehr stark bleiben. So können sich die meisten Erwachsenen noch gut an ihren ersten Kuss erinnern. Viele spüren selbst nach vielen Jahren noch die Schmetterlinge im Bauch, die damals natürlich noch viel intensiver waren.

Dies funktioniert mit guten Erinnerungen, aber leider auch mit schlechten. So kann die Erinnerung an einen Streit oft noch nach Jahren Gefühle von Wut oder Hass erzeugen. Im schlimmsten Fall gräbt sich ein traumatisches Erlebnis so tief ein, dass die Betroffenen ein Leben lang darunter leiden müssen. Ein typisches Beispiel dafür sind Opfer von Verbrechen oder Soldaten, die in einen Kriegseinsatz geschickt wurden.

Für die Glücksforschung, und damit auch für uns, spielen natürlich die guten Erinnerungen die wichtigere Rolle. Insbesondere die Möglichkeit, durch das bewusste Erinnern von positiven Situationen in der Vergangenheit, Freude und Glücksgefühle willentlich hervorrufen zu können, stellt ein wichtiges Werkzeug dar, um selbst aktiv gute Gefühle zu erzeugen.

Übung:

Nehmen Sie sich bitte ein paar Minuten Zeit und denken Sie über Folgendes nach:

? Was war mein schönstes Erlebnis im vergangenen Jahr?

? Welche guten Erinnerungen teile ich noch heute mit meinem Lebenspartner?

? Welche sind meine 5 schönsten Erinnerungen der letzten Jahre?

Wenn es Ihnen so ergeht wie den meisten Ihrer Mitmenschen, dann haben Sie die folgenden oder ähnliche Ereignisse notiert:

☺ Die Geburt meines Kindes

☺ Meine Hochzeit

☺ Die Reise nach Ägypten

☺ Der Urlaub in Griechenland

☺ Die große Sommerparty im letzten Jahr

☺ … und so weiter

Mit großer Wahrscheinlichkeit haben sie <u>keines</u> der folgenden Ereignisse notiert:

☹ Kauf eines neuen Flachbildfernsehgerätes

☹ Höchster Kontostand seit 3 Jahren

☹ Beim Streit mit dem Nachbar recht behalten

☹ Einen größeren Dienstwagen, als die Kollegen bekommen

Was diese kleine Übung zeigt, ist Folgendes:

Es gibt Dinge, über die wir uns noch nach Jahren in der Erinnerung freuen können, während andere bereits nach kurzer Zeit vergessen sind.

Trotzdem verwenden wir einen großen Teil unserer Energie auf die kurzlebigen Ereignisse wie, mehr Geld zu verdienen und dieses in oft überflüssige Konsumgüter zu investieren.

Ein Urlaub mit der Familie, mit dem Partner oder einem Freund bleibt oft ein Leben lang in der Erinnerung lebendig.

Zitat:

> *„Monde und Jahre vergehen, aber ein schöner Moment leuchtet das Leben hindurch."*
> *(Franz Grillparzer)*

Glücksbringer: Aktiv werden

Aktivität und das Gefühl, das eigene Leben im Griff zu haben, machen glücklich. Das Abarbeiten und Erledigen von Aufgaben vermittelt ein gutes Gefühl. Es zeigt uns, dass wir in der Lage sind, unser Leben zu beherrschen.

Sicher kennen Sie auch das gute Gefühl, eine Aufgabe gut erledigt zu haben. Dabei spielt es keine Rolle, ob es sich um das Ausfüllen eines Excel-Sheets oder um das Anlegen eines Blumenbeetes handelt.

Glücksforscher haben herausgefunden, dass es bezüglich des Schwierigkeitsgrades einer Aufgabe einen schmalen Grat gibt, der entscheidend dafür ist, ob wir bei einer Aktivität mehr oder weniger Glück empfinden. Demnach sind solche Aufgaben ideal, die uns weder über- noch unterfordern.

Flow

Tatsächlich gibt es einen Zustand, in dem wir bei einer Aktivität ein besonders hohes Maß an Glück, ja sogar Euphorie verspüren.

Der amerikanische Psychologe mit dem unaussprechbaren Namen Mihály Csíkszentmihályi fand heraus, dass dieser Glückszustand, den er „Flow“ nannte, in ganz bestimmten Konstellationen auftritt.

Ein Flow-Zustand kann demnach insbesondere bei temporeichen und komplexen Tätigkeiten erreicht werden, die den Handelnden fordern, aber nicht überfordern. Fällt die Tätigkeit dem Handelnden zu leicht, langweilt er sich. Überfordert sie ihn, bekommt er Angst.

Csíkszentmihályi untersuchte das Phänomen an Extremsportlern, die so vollständig in ihren Aktivitäten (Bergsteigen, Segeln, Kajakfahren und so weiter) aufgingen, dass sie dabei ungewöhnlich starke Glücksgefühle verspürten.

Man geht davon aus, dass ähnliche Erfahrungen auch bei Aktivitäten wie Schachspielen oder bei Computerspielen möglich sind.

Da die Spieler das Flow-Erlebnis immer wieder genießen wollen, sprechen einige Forscher dabei von einer Sucht. Und tatsächlich geben zum Beispiel einige Hersteller von Computerspielen offen zu, dass sie die Spiele absichtlich so gestalten, dass der Suchtfaktor zum Tragen kommt.

Auch wenn im Alltag wohl nur selten Flow-Erlebnisse auftreten, hängt der Grad an Zufriedenheit und Glück, den wir bei der Bewältigung einer Aufgabe erleben, davon ab, wie schwierig die Aufgabe ist.

Ist eine Aufgabe zu leicht, langweilen wir uns. Ist sie zu schwierig, sind wir frustriert.

Um Glücksgefühle zu erzeugen, sollte eine Aktivität diese Eigenschaften besitzen:

☺ Sie ist zu bewältigen.

☺ Ein gewisses Maß an Konzentration auf die Tätigkeit ist notwendig.

☺ Das oder die Ziele der Aktivität sind klar erkennbar.

☺ Es sollte eine positive Rückmeldung nach erfolgreichem Abschluss erfolgen.

☺ Der Handelnde sollte das Gefühl haben, die Kontrolle über die Aktivität zu haben.

☺ Erfüllt eine Aktivität einige oder alle dieser Kriterien hat sie die folgenden Wirkungen:

☺ Wir vergessen unsere Umgebung.

☺ Das Zeitgefühl geht verloren.

☺ Kummer und Sorgen sind für eine bestimmte Zeit vergessen.

☺ Wir werden eins mit der Sache, die wir tun.

Eine besondere Rolle spielen körperliche Betätigungen, bei denen zusätzlich bedingt durch die körperliche Anstrengung Endorphine ausgeschüttet werden. Sie finden zu diesem Thema weitere Informationen im Abschnitt „Glücksbringer Bewegung "

Zitat:

„Aktivität ist der einfache, Abenteuer der besondere Weg zum Glück."
(Stephan Lermer)

Glücksbringer: Lachen

Die positiven Wirkungen des Lachens sind schon seit Langem bekannt. Wer lacht, löst Spannungen auf, baut Stress ab und fühlt sich einfach besser.

Diese Prozesse werden beim Lachen in Gang gesetzt:

- ☺ Beim Lachen werden Glückshormone ausgeschüttet.
- ☺ Beim Lachen werden Schmerz mindernde Hormone ausgeschüttet.
- ☺ Lachen lässt die Probleme in einem weniger bedrohlichen Licht erscheinen.
- ☺ Lachen wirkt Stress mindernd (die Konzentration der Stresshormone Adrenalin und Cortisol sinkt).
- ☺ Lachen fördert die Konzentration und Kreativität.
- ☺ Die Sauerstoffkonzentration im Gehirn steigt.
- ☺ Der Kreislauf wird aktiviert.
- ☺ Die Muskulatur entspannt sich.
- ☺ Die Immunabwehr wird gestärkt.

Ärzte wissen es schon lange. Das Sprichwort „Lachen ist die beste Medizin“ trifft tatsächlich zu. Es gibt sogar einen eigenen Wissenschaftszweig, die Gelotologie, der sich mit den (gesundheitsfördernden) Wirkungen des Lachens befasst.

Doch wie kam es dazu?

Die wahre Geschichte des Norman Cousins:

Der amerikanische Wissenschaftsjournalist Norman Cousins war einer der Ersten, der sich ernsthaft mit diesem (eigentlich eher witzigen) Thema beschäftigte.

Cousins erkrankte in den 1970er Jahren schwer an einer chronischen Entzündung der Wirbelsäule. Seine Ärzte räumten ihm kaum Überlebenschancen, geschweige denn Genesungschancen ein. Tatsächlich teilten sie ihm mit, dass die Wahrscheinlichkeit, dass er überleben werde, gerade einmal 1:500 sei.

Zufällig hatte sich Cousins einige Zeit vorher mit Forschungen befasst, die nachwiesen, dass negative Stimmungen und Gedanken einen ungünstigen Einfluss auf das sogenannte innersekretorische System des Menschen haben.
Warum, so fragte er sich, sollte das nicht auch umgekehrt für positive Gedanken gelten?

Cousins beschloss, dies im Selbstversuch auszuprobieren. Dazu schaute er sich besonders humorvolle Filme an und ließ sich aus Büchern lustige Geschichten vorlesen.

Schon nach Kurzem stellte er fest, dass seine Schmerzen deutlich nachließen, wenn er einige Minuten lang gelacht hatte. Er konnte sogar wieder längere Zeit ohne Unterbrechungen schlafen, was ihm vorher nicht mehr möglich war.

Seine Ärzte stellten fest, dass die Krankheitssymptome an Cousins‘ Wirbelsäule nach jeder einzelnen „Lachkur“ messbar zurückgingen. Nach einiger Zeit konnte Cousins sogar aus der Klinik entlassen werden.

Die Erfahrungen Cousins ließen die Mediziner vor allem in den USA aufhorchen. Schon bald gab es weitere Versuche, Kranke mithilfe von Lachen zu behandeln oder gar zu heilen. Die hierbei erzielten Erfolge führten dazu, dass die Lachtherapie einen festen Platz im Kanon der Behandlungsmöglichkeiten erhielt.

Mittlerweile spielt das Lachen in der Medizin eine so große Rolle, dass in den USA, und seltener auch in Europa, sogenannte Clown-Doktoren (auch Clinic-Clowns oder Rote-Nasen-Doktoren) im Einsatz sind.

Diese Therapeuten sollen die Patienten in der meist unpersönlichen Klinik-Atmosphäre aufheitern und ablenken. Dadurch, dass die Patienten lachen, sollen zudem die Heilungschancen erhöht und die Heilung beschleunigt werden.

Die Behandlungserfolge mit dieser Methode sind so beachtlich, dass es fast schon dumm wäre, auf ein so einfaches wie angenehmes Mittel zu verzichten.

Info:

In Deutschland sind die Clown-Doktoren vor allem durch den Film „Patch Adams" mit Robin Williams bekannt geworden.

Der Film basiert auf Tatsachen und schildert die Story des „echten" Patch Adams, der eigentlich Hunter Doherty Adams heißt und auch heute noch praktiziert. Den Namenszusatz *Patch* bekam Adams wegen der Flicken (Patches), aus denen sein Clown-Kostüm bestand.

Neben der Tatsache, dass sich ein geringeres Stresslevel, weniger Schmerzen und besserer Schlaf natürlich positiv auf die Lebenszufriedenheit auswirkt, hat das Lachen beim Thema Glück noch weitere wichtige Funktionen:

Lachen verändert die Gedankenwelt:

Beim Lachen verändert sich automatisch die Sicht auf die Dinge. Lachen führt insbesondere dazu, dass die eigenen Probleme aus einer entfernteren Perspektive wahrgenommen werden.

Dadurch wird es oft möglich, einzusehen, dass die eigenen tatsächlichen oder vermeintlichen Probleme weniger gravierend sind, als angenommen.

Lachen verändert die Psyche:

Durch häufiges Lachen werden das eigene Auftreten entspannter und die Interaktionen mit anderen Menschen positiver. Fröhliche Menschen sind offener und werden auch von anderen als angenehmer und freundlicher empfunden.

Lachen verändert den Körper:

Neben den bereits beschriebenen gesundheitsfördernden Aspekten des Lachens werden ihm auch noch weitere nützliche Effekte zugesprochen. So soll 1 Minute Lachen den gleichen Effekt haben, wie 45 Minuten Entspannungstraining.

Ganz gleich, ob man dem Lachen nun tatsächlich all diese Effekte zutraut oder nicht: Tatsache ist, dass Lachen jedem Menschen nützt. Man fühlt sich während des Lachens und auch noch lange Zeit danach einfach besser.

Bedenkt man, dass Lachen nichts kostet und immer und an jedem Ort verfügbar ist, spricht wirklich alles dafür, dieses „Hausmittel" für sich selbst und für andere einzusetzen.

Zitat:

„Der verlorenste aller Tage ist der, an dem man nicht gelacht hat."
(Nicolas Chamfort)

Wussten Sie schon …

… dass es einen ganzen Wissenschaftszweig gibt, der sich ausschließlich mit dem Lachen beschäftigt?

Die Gelotologie erforscht sowohl die Ursachen, die Auswirkungen und die Anwendungsmöglichkeiten des Lachens.

Die Wissenschaftler dieses Forschungsbereiches bestätigen unter anderem folgende Wirkungen des Lachens:

☺ Lachen erzeugt Sympathie zwischen dem Lachenden und anderen Personen.

☺ Gemeinsames Lachen erzeugt ein Gefühl der Zusammengehörigkeit.

☺ Beim Lachen werden Hormone ausgeschüttet, die das Immunsystem stärken.

☺ Beim Lachen werden Endorphine in ähnlicher Weise, wie beim sogenannten „Runners High" wirksam. Endorphine führen dazu, dass wir uns wohlfühlen.

☺ Beim Lachen wird das Herz-Kreislaufsystem gestärkt.

☺ Lachen wirkt schmerzlindernd.

☺ Lachen bewirkt eine Abnahme der Stresshormone Adrenalin und Kortisol.

Tipp:

Hier darf gelacht werden:

- Komödien im Kino
- Komödien im Theater
- Witzige Filme auf DVD
- Witzige Clips auf YouTube
- Witzige Bücher und E-Books
- Kabarettaufführungen

Glücksbringer: Vergebung

Eine der vielleicht schwierigsten Aufgaben auf dem Weg zu mehr Glück ist es, anderen zu vergeben.

Gleich, ob es ein Streit mit dem Nachbarn, den Eltern oder den eigenen Kindern ist. Unaufgelöste Konflikte belasten uns weit über den eigentlichen Vorfall hinaus.

Häufig dauern solche Streitigkeiten sogar in der eigenen Familie jahrelang an. Manchmal sogar bis zum Lebensende eines der Kontrahenten. Das Gewissen des Zurückbleibenden bleibt dann nicht selten lebenslang belastet.

Obwohl ein Streit und jede andere Form von Konflikten für alle Beteiligten nur Nachteile mit sich bringt, passiert es immer wieder, dass sogar gute Freunde oder Verwandte in solche Situationen geraten. Für ein zufriedenes oder gar glückliches Leben sind solche schwelenden Konflikte und Schuldzuweisungen natürlich Gift.

Deshalb lautet der Rat jedes Glücksforschers: **Vergebung macht glücklich(er)!**

Schauen wir doch einmal, mit welchen Emotionen und Stimmungen nicht verziehene Verletzungen durch andere einhergehen:

- Groll
- Hass
- Verstimmung
- Wut
- Angst
- Ärger
- Neid
- Zorn
- Reizbarkeit
- Bitterkeit
- Verbitterung
- Unbehagen
- Boshaftigkeit
- Gehässigkeit
- Abneigung
- Missstimmung

- Rache
- Kummer
- Unmut
- Trauer
- Verstimmung
- Streit
- Zank
- Schuld

Es ist unstrittig, dass all diese Empfindungen, Stimmungen und Emotionen dazu beitragen, dass wir uns nicht nur nicht gut, sondern sogar äußerst schlecht fühlen.

Streiten kostet eine Menge Energie. Es geht dadurch viel Lebenskraft verloren, und ganz sicher macht es nicht glücklich!

Ihre Entscheidung: Seelenfrieden oder Konflikt?

Darauf läuft letztlich alles hinaus. Wollen Sie womöglich jahrelangen Streit, oder wollen Sie das Thema loslassen und sich stattdessen mit angenehmeren Dingen beschäftigen?

Folgende Gedanken können dabei helfen, Konflikte loszulassen:

☺ Ich selbst bin nicht perfekt und ich habe kein Recht, es von anderen zu verlangen.

☺ Die anderen sind auch nur Menschen.

☺ Ich habe nicht das Recht, über einen anderen Menschen zu urteilen oder ihn zu verurteilen.

☺ Es ist nicht meine Aufgabe, andere zu (ver)ändern.

☺ Andere müssen sich nicht ändern, damit ich Seelenfrieden verspüre, das kann nur ich selbst tun.

☺ Leben im Jetzt oder in der Vergangenheit? Ich verzeihe Menschen, die mir in der Vergangenheit ein Unrecht zugefügt haben.

☺ Andere tun das, was sie in der speziellen Situation für das Richtige oder das Notwendige gehalten haben.

☺ Verzeihen bedeutet nicht, damit einverstanden sein oder es zu akzeptieren, wenn andere uns. Verletzungen zufügen.

☺ Ich verzeihe mir auch selbst meine Fehler.

☺ Der einzige Mensch, der leidet, wenn ich anderen nicht verzeihe, bin ich selbst!

☺ Wir sind Menschen, alle machen Fehler.

☺ Man kann nicht glücklich sein, wenn man voller Wut und Hass ist.

☺ Fehler und Irrtümer sind Lektionen des Lebens.

☺ Vergebung ist für ein friedvolles und glückliches Leben absolut unverzichtbar.

☺ Es könnte sein, dass ich mich in seiner/ihrer Situation ähnlich verhalten würde.

Zitat:

„Vergiss alles Leid, das andere dir zugefügt haben und jede Hilfe, die du anderen hast zuteilwerden lassen. Dann wird in deinem Herzen Friede sein. Hab keine Rachegefühle, wenn dir jemand geschadet hat. Wenn jemand dich verletzt hat, ist es das Beste zu vergessen und zu vergeben, damit dein Leiden gelindert wird.
Vergebung ist sehr wichtig. Vergebung ist Wahrheit, ist Rechtschaffenheit, sie ist Weisheit, Gewaltlosigkeit und Glück. Vergebung ist der Himmel selbst. Dieses Vergeben

bedeutet alles in allen Welten. Pflegt in euren Herzen die heilige Eigenschaft des Vergebens.“

(Sathya Sai Baba)

Wie kann man sich mit einem Streitpartner versöhnen?

Die Antwort auf diese Frage hängt natürlich immer auch von der konkreten Situation ab und kann deshalb nicht allgemeingültig beantwortet werden.

Folgende Tipps können aber in vielen Fällen helfen:

☺ Sprechen Sie mit dem Streitpartner über Ihre Gefühle. Teilen Sie ihm oder ihr mit, dass Sie der unaufgelöste Streit belastet.

☺ Lassen Sie dem anderen seine Meinung. Das gilt auch dann, wenn sie Ihrer Meinung nach falsch ist.

☺ Sprechen Sie nicht über das Streitthema (das führt allzu leicht zu einem neuen Streit).

☺ Vergessen Sie die Frage, wer im Recht ist und wer unrecht hat.

☺ Bieten Sie an, das Thema von Ihrer Seite aus zu vergessen.

Sollte Ihr Streitpartner nicht auf Ihr Versöhnungsangebot eingehen, ist auch das nicht schlimm. Hauptsache, Sie haben das Thema für sich selbst erledigt.

Es ist grundsätzlich unmöglich, mit allen Menschen im völligen Einklang zu leben. Wenn der andere den Streit nicht beilegen will, ist das ganz schlicht und einfach <u>sein</u> Problem.

Tipp:

Damit das Vergeben nicht nur als abstrakte Idee im Raum steht, ist es sinnvoll, daraus ein kleines Ritual zu machen.

Viele Menschen sprechen zum Beispiel vor dem Einschlafen ein Gebet.

Genauso können Sie jeden Abend oder auch nur einmal pro Woche all denen vergeben, die Ihnen Unrecht zugefügt oder Sie verletzt haben.

Im Abschnitt zum Thema Dankbarkeit haben Sie ja bereits erfahren, dass das rituelle Danken vor dem Schlafengehen eine sehr hilfreiche Methode auf dem Weg zu mehr Zufriedenheit sein kann.

Ergänzen Sie einfach dieses Ritual um einen kurzen Teil, in dem Sie Vergebung üben. Sie werden sich danach besser fühlen!

Zitat:

„Auge um Auge führt nur zu mehr Blindheit.“
(Margaret Atwood)

Glücksbringer: Berührungen

Jeder Mensch sehnt sich nach Zärtlichkeit und Liebe. Ausdrucksmöglichkeiten dafür sind zum Beispiel Berührungen wie Umarmen, Küssen, Streicheln und jede andere Art von liebevollem Körperkontakt.

Wissenschaftler haben herausgefunden, dass durch sanfte Berührungen das sogenannte „Kuschelhormon“ Oxytocin ausgeschüttet wird. Ebenso Endorphine, die schmerzlindernd und beruhigend wirken.

Schon direkt nach der Geburt spielen Berührungen bei jedem Menschen eine entscheidende Rolle. Das Neugeborene wird dann sofort auf den Bauch der Mutter gelegt.

Untersuchungen zeigen, dass dies auf das Baby beruhigend und Stress mindernd wirkt. Babys, die häufig gestreichelt oder massiert werden, entwickeln sich besser als solche, die darauf verzichten müssen. Im Touch Research Institute in Miami fand man heraus, dass Neugeborene mit häufigem Hautkontakt schneller an Gewicht zulegen und ihre Gehirne messbar besser entwickelt sind.

Bei Erwachsenen spielen Zärtlichkeit und Berührungen eine ebenso wichtige Rolle für Wohlbefinden und Glück. Durch Berührungen werden Hormone freigesetzt, die Gefühle wie Glück und Geborgenheit erzeugen.

Eine berührungsfreundlichere Einstellung wäre auch bei den Erwachsenen wünschenswert, da beide Partner von jeder Berührung profitieren. Nach einer herzlichen Umarmung ist sowohl der Umarmte als auch der aktiv Umarmende ein bisschen glücklicher als vorher.

Ursache dafür ist die Ausschüttung von „Wohlfühlhormonen“ wie Oxyticin und Prolaktin. Gleichzeitig verringert sich die Konzentration des Stresshormons Cortisol im Blut.

In Untersuchungen zeigte sich, dass körperliche Berührungen, die als angenehm empfunden werden, eine positive Wirkung auf den Blutdruck haben. Patienten mit chronischen Schmerzen profitieren ebenfalls von dem Körperkontakt. Sie empfinden ihre Schmerzen danach als weniger stark.

So wirken Streicheln und sanfte Berührungen:

- ☺ Das Hormon Oxytocin („Kuschelhormon") wird ausgeschüttet.
- ☺ Endorphine werden ausgeschüttet.
- ☺ Opioide werden ausgeschüttet.
- ☺ Das Immunsystem wird gestärkt.
- ☺ Es wirkt beruhigend.
- ☺ Stress mindernd (weniger Stresshormon Cortisol).
- ☺ Schmerzen werden gemindert.
- ☺ Ängste werden gelindert.

Kuscheln in der Gruppe

Das Bedürfnis nach Nähe, Wärme, Streicheleinheiten und Kuscheln hat fast jeder Mensch. Doch was tun, wenn kein geeigneter Kuschelpartner zur Verfügung steht?

Eine mögliche Lösung sind sogenannte Kuschelpartys. Dabei handelt es sich nicht etwa um Veranstaltungen im Rotlichtmilieu, sondern um ganz seriöse Veranstaltungen, bei denen es ausdrücklich nicht um Sex geht.

Die Idee stammt von dem amerikanischen Therapeuten Reid Mihalko, der erste „Cuddle Partys" in New York (die Stadt mit dem größten Single-Bevölkerungsanteil in den USA) bereits im Jahr 2004 veranstaltete.

Bei einer Kuschelparty (auch „Knuddelparty“) treffen sich bis zu 50 Frauen und Männer. In einem oft mit Matratzen und Kissen gestalteten Raum können sich die Teilnehmer dann umarmen, streicheln oder einfach „knuddeln“. Dies passiert ausdrücklich ohne jede sexuelle Absicht.

Kuschelpartys gibt es mittlerweile auch in Deutschland in allen größeren Städten.

Wussten Sie schon ...?

... dass bereits eine kurze Berührung am Arm dazu führt, dass der Berührende positiver eingeschätzt wird?

... dass jeder achte Bundesbürger einen Mangel an körperlicher Nähe verspürt?

... dass Gefühle und Stimmungen über Körperkontakt leichter zu vermitteln sind, als über Sprache?

... Partnerschaften, in denen sich die beiden Partner häufig berühren, glücklicher verlaufen als andere?

Tipp:

Streicheleinheiten bekommt man auch bei einer Massage. Warum also nicht regelmäßig zur Massage gehen, insbesondere dann, wenn gerade kein anderer „Streichelpartner“ zur Verfügung steht?

Glücksbringer: Meditation

Meditierende haben es immer schon gewusst: Meditation macht glücklicher und zufriedener. Was aber lange Zeit nur eine subjektive Selbsteinschätzung war, konnte von der Wissenschaft letztlich auch objektiviert werden.

Messungen der Gehirnwellen meditierender Menschen zeigen deutliche Veränderungen. Meditierende sind ausgeglichener, friedlicher und kreativer als nicht Meditierende.

Dabei ist mit Meditation nicht nur die häufig genannte buddhistische Meditation gemeint. Auch in anderen Traditionen und Religionen gibt es ähnliche Praktiken. Die Bezeichnungen sind dann *Gebet*, *Kontemplation* oder *Versunkenheit*.

Gemeint ist in allen Fällen die Suche nach Ruhe, Ausgeglichenheit und innerem Frieden.

Meditation ist zudem eine Möglichkeit, für Minuten oder auch Stunden aus dem Alltag auszusteigen und den Weg zu innerer Ruhe und wahrer Harmonie zu beschreiten. Durch Achtsamkeits- oder Konzentrationsübungen kann sich der Geist beruhigen und sammeln.

Meditationstechniken

Darüber, in welcher Form die tägliche Meditation durchgeführt werden sollte, gibt es sehr unterschiedliche Ansichten. Je nach Herkunft (religiös, traditionell oder modern adaptiert) kann Meditation auf unterschiedlichste Weise stattfinden.

Grob lassen sich zwei Grundformen unterscheiden:

- Die passive (kontemplative) Meditation, bei der der Meditierende still sitzt.
- Die aktive Meditation, bei der körperliche Bewegung, lautes Rezitieren und achtsames Handeln zur Meditationspraxis gehören.

Diese Unterscheidung betrifft übrigens nur die äußerliche Form der Meditation, nicht aber deren Inhalte und Ziele. Diese können bei beiden Formen sowohl aktive Aufmerksamkeitslenkung als auch passives Loslassen und Geschehenlassen beinhalten.

Wirkungen von Meditation

Die Wirkungen von Meditation sind mittlerweile sehr gut wissenschaftlich untersucht.

Regelmäßige Meditation bewirkt sowohl physische als auch mentale Veränderungen, die von den Meditierenden in der Regel als Entspannung und Gefühlen wie Glück oder Mitgefühl empfunden werden.

Fortgeschrittene Meditierende schildern ihre Erfahrungen als Verbundenheit mit dem Kosmos und als spirituelle Erfahrung. Beide Empfindungen können sicher auch mit dem Etikett „Glücksgefühle“ beschrieben werden.

Achtsamkeit

Das Thema Meditation und Achtsamkeit ist in den letzten Jahren in den Fokus der Medien gerückt. Es gibt eine Vielzahl an Publikationen zu diesem Thema und fast jede Volkshochschule bietet mittlerweile einen Kurs in Achtsamkeit an.

Doch was ist Achtsamkeit denn eigentlich genau?

Achtsamkeit ist keine komplizierte Meditationstechnik. Man muss sie auch nicht jahrelang praktizieren, um einen ersten Erfolg zu erzielen. Ebenfalls ist es nicht notwendig, eine Reise nach Tibet zu unternehmen, um dort eine Erleuchtung zu erleben.

Achtsamkeit ist nichts anderes, als der Versuch, alles, was in einem selbst und um einen herum passiert, bewusst wahrzunehmen. Dabei sollen alle Eindrücke und Gedanken mit Gelassenheit registriert und dann ohne Emotionen wieder losgelassen werden.

Tipp:

Um Achtsamkeit zu praktizieren oder zu erlernen, sind keine teuren Kurse bei Trainern, Coaches, Beratern oder Gurus notwendig.
Es kann allerdings hilfreich sein, zumindest in der Anfangszeit mit anderen gemeinsam zu meditieren und eine grundlegende Anleitung zu erhalten. Dafür müssen Sie allerdings keine Unsummen ausgeben. Erkunden Sie sich bei Ihrer örtlichen Volkshochschule oder werfen Sie einen Blick ins Branchenbuch. Es kann auch sinnvoll sein, in entsprechenden Internet-Foren nach Erfahrungen anderer Teilnehmer zu fragen.

Wichtig:

Damit Sie beurteilen können, ob und wie Achtsamkeitsmeditation für Sie geeignet ist, sollten Sie sie unbedingt wenigstens einige Monate täglich durchführen.

Geben Sie nicht auf, wenn Sie nach wenigen Tagen oder Wochen keine Veränderung spüren. Wie bei allen Verhaltensänderungen braucht auch das Entwickeln von Achtsamkeit Zeit. Und genau wie bei allen Verhaltensänderungen wird sich Ihr Verstand zunächst dagegen wehren, sodass Sie häufig „keine Lust" haben werden, zu meditieren.

Tun Sie es trotzdem. Ihre Ausdauer wird schon bald belohnt!

Zitat:

> *„Das Gewahrsein von Atmung und anderen Körperempfindungen ist wahrscheinlich die grundlegendste buddhistische Meditationsübung überhaupt. Bevor man die Achtsamkeit erfolgreich auf Gefühle, Gedanken, Emotionen oder den Geist anwenden kann, muss sie im Gewahrsein von Atem und Körper fest verankert sein."*
> *(Mark Epstein)*

Glücksbringer: Licht

Jeder kennt das gute Gefühl: Wenn draußen der Himmel blau ist und die Sonne scheint, fühlt man sich einfach besser. Wenn der Tag so beginnt, fällt es uns leichter aus dem Bett zu springen und ihn beschwingt und gut gelaunt zu beginnen.

Das Gleiche gilt für die Arbeit. Scheint die Sonne, fällt die Arbeit leichter und man verrichtet sie mit besserer Laune. Sowohl Arbeitskollegen, Chefs als auch Kunden sind einfach bei gutem Wetter ein wenig freundlicher.

Schon lange ist bekannt, dass (Tages)licht viele wichtige Funktionen im menschlichen Körper steuert. Dies betrifft insbesondere das Gehirn. Hier steuert das Tageslicht nicht nur die innere Uhr des Menschen, sondern beeinflusst auch Stimmungen und Gefühle.

Dabei spielen sowohl die Dauer als auch die sogenannte Lichttemperatur eine wichtige Rolle. So tragen Leuchten, die ein warmweißes Licht abgeben, zum Wohlbehagen bei.

Kaltes, sehr weißes, Licht wirkt hingegen eher neutral und wenig sympathisch.

Tipp:

Viele Energiesparleuchten verbreiten ein kaltes, unangenehmes Licht. Wählen Sie deshalb für die Standardbeleuchtung im Haus solche Leuchtmittel aus, deren Farbtemperatur kleiner ist als 3300 Kelvin (der Wert ist auf der Verpackung angegeben).

Für Räume, in denen ein besonders behagliches Licht erwünscht ist (zum Beispiel das Schlafzimmer), sollte die Farbtemperatur sogar noch niedriger liegen, nämlich unter 2700 Kelvin.

Angenehmes Licht trägt auch im Haus maßgeblich zum Wohlbefinden bei. So schaffen Sie für sich ohne jede Anstrengung ein wenig mehr Behaglichkeit.

Tageslicht-Weiß: Mit einer Farbtemperatur von deutlich über 5000 Kelvin sind diese grellen Leuchtmittel vor allem für Kellerräume und Räume, in denen sehr große Helligkeit erforderlich ist, geeignet.

Neutral-Weiß: Die Farbtemperatur liegt zwischen 3300 und 5300 Kelvin. Diese Leuchtmittel verbreiten eine sachliche und nüchterne Atmosphäre. Sie sind geeignet für Küchen und Kellerräume.

Warm-Weiß: Mit einer Farbtemperatur, die zwischen 2700 und 3300 Kelvin liegt, sind diese Leuchtmittel gut für den Wohnbereich geeignet.

Extra-Warm-Weiß: Die Farbtemperatur liegt hier unter 2700 Kelvin. Das angenehm warme Licht ist besonders für Schlafräume geeignet. Die Lichtfarbe kommt der einer herkömmlichen Glühbirne am nächsten.

Da Körper und Seele vor allem auf Tageslicht positiv reagieren, versucht man seit einigen Jahren Leuchten herzustellen, deren Lichtspektrum dem des Tageslichts möglichst genau entspricht. Siehe dazu auch den Tipp weiter unten.

Winterdepression

Unter SAD (Seasonal Affective Disorder) versteht man eine sogenannte „Winter-Depression“. Dies ist eine vorübergehende depressive Störung, die bei manchen Menschen in den Herbst- und Wintermonaten auftritt.

Neben typischen Symptomen einer Depression wie Reizbarkeit, Niedergeschlagenheit, Kraftlosigkeit und Angst, treten bei einer SAD auch untypische Symptome auf:

- Müdigkeit
- Ungewöhnlich langer Schlaf
- Heißhunger auf Süßes
- Gewichtszunahme

Als Ursache wird eine Störung des biologischen Tagesrhythmus angenommen, der dazu führt, dass der Serotoninspiegel sinkt.

Da im Gehirn viele Serotonin produzierende Zellen tageszeitabhängig (gesteuert durch die innere Uhr) Serotonin abgeben, vermutet man die Ursache in fehlenden oder falschen Zeitgebern. Dies kann wiederum durch den veränderten Tag-Nachtrhythmus im Winter verursacht werden.

Insbesondere Menschen, die in den Wintermonaten kaum der nur wenig Tageslicht aufnehmen, sind deshalb besonders gefährdet.

Leichte Formen von SAD können durch eine Änderung des Tagesablaufes (während der hellen Tageszeiten mehr Zeit im Freien verbringen) oder durch den Einsatz von sogenannten Tageslichtleuchten behandelt werden.

Schwerere Formen können auch mit Hilfe von modernen Antidepressiva behandelt werden. In diesem Fall muss ein Arzt die Behandlung durchführen.

Generell sollten sich die Symptome der SAD zum Beginn der helleren Jahreszeiten legen.

Nichts geht ohne Vitamin D

Tageslicht ist unter anderem auch dafür notwendig, dem Körper eine ausreichende Menge an Vitamin D zur Verfügung zu stellen. Der Vitamin D-Spiegel sinkt deshalb bei vielen Menschen in den Wintermonaten immer weiter ab.

Durch Sonnenlicht und mehr Helligkeit wird das Hormon Serotonin verstärkt ausgeschüttet. Das lässt uns insgesamt vitaler und wacher werden.

Info:

Besuche im Solarium helfen nicht gegen SAD. Da das Licht, das den Stoffwechsel in unserem Gehirn beeinflusst, durch die Augen aufgenommen werden muss, kann der Besuch eines Solariums kaum helfen. Dort müssen nämlich die Augen geschlossen bleiben oder es wird eine spezielle Sonnenschutzbrille aufgesetzt.

Ein Sonnenbad im Solarium kann durch seine Wärme natürlich trotzdem den Wohlfühlfaktor erhöhen. Allerdings leidet bei zu häufigem Solariumbesuch die Haut.

Mangelnde Lichtaufnahme verhindert die ausreichende Produktion von Endorphinen. Dazu zählt auch das oft als Glückshormon bezeichnete Serotonin.

Gleichzeitig steigt in der dunklen Jahreszeit der Melatoninspiegel. Die Folgen sind Müdigkeit und Antriebslosigkeit. Ist jemand dafür anfällig, kann daraus eine Saisonale Depression (SAD) entstehen.

Damit es nicht so weit kommt, sollten Sie versuchen, auch im Winter täglich einige Zeit im Tageslicht draußen zu verbringen. Kommt dazu noch eine aktive Beschäftigung wie Wandern, Skifahren, Rodeln oder Langlauf, helfen Sie Ihrem Körper dabei, es nicht zu einer Winterdepression kommen zu lassen.

Was tun bei SAD?

Wenn Sie das Gefühl haben, dass Sie oder ein anderer Mensch in Ihrem Umfeld unter einer Saisonalen Depression leidet, sind folgende Schritte sinnvoll:

Aufsuchen eines Arztes
Dieser kann eine Diagnose stellen und entscheiden, ob eine (medikamentöse) Behandlung notwendig ist.

Häufiger draußen in der Natur aufhalten. Der Betroffene sollte sich möglichst oft im Tageslicht aufhalten. Besonders gut geeignet sind Spaziergänge, Wandern oder natürlich auch Sport.

Bewegung ist ebenfalls sehr hilfreich bei einer SAD. Es muss kein Leistungssport sein. Regelmäßige sportliche Aktivitäten (3-mal die Woche) beugen SAD vor und helfen, die Symptome zu lindern.

Eine medikamentöse Behandlung sollte grundsätzlich nur nach einer eingehenden ärztlichen Beratung erfolgen. Nicht alle Medikamente, die für die Behandlung von Depressionen zugelassen sind, dürfen auch bei einer SAD eingesetzt werden.

Zitat:

„Nichts Süßeres gibt es, als der Sonne Licht zu schaun.“ (Friedrich Schiller)

Tipp:

Sonnenlicht ist auch dann hilfreich, wenn die Sonne von Wolken verdeckt wird. Das Gehirn registriert das Tageslicht trotzdem. Deshalb ist es auch oder sogar gerade an verregneten Tagen wichtig, sich zumindest für kurze Zeit im Freien aufzuhalten.

Wenn Sie aus beruflichen oder anderen Gründen während der dunklen Jahreszeit keine Möglichkeit haben, tagsüber nach draußen zu gehen, können Tageslichtleuchten ein brauchbarer Ersatz sein. Tageslichtleuchten haben ein dem Lichtspektrum der Sonne ähnliches, sehr helles Licht.

Sie können so eine Leuchte auf Ihren Schreibtisch stellen oder sich sogar von ihr wecken lassen. Einige Tageslichtleuchten haben zusätzlich zu ihrer Funktion als Lichtquelle auch noch eine Weckfunktion. Die Leuchte beginnt dann bereits kurz vor dem Aufstehen damit, einen natürlichen Sonnenaufgang zu simulieren.

Viele Menschen empfinden diese Art des Weckens als angenehm und fühlen sich danach entspannter als nach dem Alarmklingeln eines herkömmlichen Weckers.

Glücksbringer: Bewegung

Sport macht glücklich!

Das ist das Ergebnis mehrerer wissenschaftlicher Untersuchungen. Dabei stellte sich heraus, dass der positive Effekt insbesondere bei Ausdauersportarten wie Laufen (Joggen, Dauerlauf), Radfahren oder Schwimmen eintritt. Wenn Sie nicht der sportliche Typ sind: Auch Wandern und zügiges Spazierengehen haben einen - wenn auch nicht so ausgeprägten - positiven Effekt.

☺ Ausdauersport setzt Endorphine (Glückshormone) im Körper frei. Diese erzeugen angenehme Gefühle und verbessern die Stimmung.

☺ Wer den inneren Schweinehund überwindet, fühlt sich gut, weil er etwas geleistet hat. Gleichzeitig gibt es ein gutes Gefühl, zu spüren, dass man einen Bereich seines Lebens steuern und kontrollieren kann.

☺ Wer belastbar ist, ist auch glücklicher. Vielen Menschen ist das Vertrauen in die eigene (körperliche) Leistungsfähigkeit abhandengekommen. Durch regelmäßigen Ausdauersport finden sie heraus, dass sie immer noch leistungsfähig sind und sich auf ihren Körper verlassen können.

☺ Sport lenkt von Sorgen und Problemen ab. Während des Sports, zum Beispiel beim Laufen oder Walken, bleibt in der Regel keine Zeit, um sich gleichzeitig mit den alltäglichen Sorgen zu beschäftigen. Auch wenn dieser Effekt nur vorübergehend ist, kann er sehr hilfreich sein. Das Gefühl, Sorgen und Ängste für einen gewissen Zeitraum „abschalten“ zu können, gibt ein gutes Gefühl der Kontrolle und Selbstbestimmtheit.

☺ Sport baut schädliche Stresshormone ab. Häufiges Sorgenmachen und Unzufriedenheit setzen im Körper

Stresshormone frei. Werden diese nicht bald abgebaut, können sie eine äußerst schädliche Wirkung auf die Gesundheit haben. Durch Sport werden die Stresshormone auf natürlichem Wege abgebaut.
Die Folge: Man fühlt sich entspannter, ruhiger und zufriedener.

☺ Nach dem Sport erscheinen Probleme in der Regel deutlich weniger bedrohlich als vorher. Häufig wundern sich die Sportler, worüber sie sich noch Stunden zuvor aufgeregt haben. Das sportliche Training trägt also auch zur Klärung der Gedanken bei und eröffnet eine entspanntere und sachlichere Perspektive auf Sorgen und Probleme.

☺ Sport ist gesund für den ganzen Körper. Das bedeutet weniger gesundheitliche Probleme und mehr Leistungsreserven. Man fühlt sich insgesamt besser, was natürlich eine positive Wirkung auf das Wohlbefinden und letztlich auf das Glücklichsein hat.

Um die positiven Effekte dauerhaft zu erreichen und aufrechtzuerhalten, empfehlen Ärzte, drei Mal pro Woche für mindestens 45 Minuten Sport zu treiben. Dabei haben Ausdauersportarten und Mannschaftssportarten die besten Effekte. Letztere haben noch weitere Vorteile. So fördert das sportliche Spielen in einer Mannschaft zusätzlich auch die Sozialkompetenz. Der Austausch mit anderen Sportlern trägt ebenfalls zum Wohlbefinden bei.

Diese Sportarten sind besonders geeignet:

☺ Laufen/Joggen

☺ Walking oder Nordicwalking

☺ Wandern / zügig Spazieren

☺ Radfahren

☺ Schwimmen

☺ Aqua-Jogging

☺ Badminton (Federball)

☺ Tanzen

☺ Tennis

☺ Mannschaftssportarten (Ballsportarten)

Tipp

Die Körperhaltung beim Gehen, Stehen oder Sitzen hat nachweisbar einen Effekt auf das Wohlbefinden und die Stimmung. Sitzt man zusammengesunken am Schreibtisch, fühlt man sich nach kurzer Zeit auch so. Umgekehrt fördert eine aufrechte Körperhaltung eine positive Stimmung und verbessert das Allgemeinbefinden.

Tipp

Immer wieder liest oder hört man vom sogenannten „Runner‘s High“. Gemeint ist damit ein Glückserleben, das eintritt, wenn der Körper beim Sport an den Rand seiner Leistungsfähigkeit gebracht wird.

Im Gehirn werden dann Stoffe freigesetzt, die beim Sportler Leistungsreserven aktivieren. Die gleichen Stoffe bewirken auch ein Gefühl von Glück oder gar Euphorie.

Versuchen Sie nicht, diesen Zustand absichtlich zu hervorzurufen. Erstens tritt er tatsächlich erst kurz vor der körperlichen Erschöpfung auf (und auch dann nicht immer). Zweitens ist es für Amateur-Läufer nicht empfehlenswert, den eigenen Körper so zu überfordern.

Im schlimmsten Fall erleben Sie dann statt des Runner‘s High einen unfreiwilligen Besuch im Krankenhaus.

Glücksbringer: Ernährung

Bereits der griechische Arzt und Philosoph Hippokrates vermutete einen Zusammenhang zwischen Ernährung und Stimmung.

Auch heute ist die Vorstellung, dass bestimmte Nahrungsmittel die Laune beeinflussen, weit verbreitet. So gibt es etwa die Vorstellung „Sauer macht lustig!“, oder „Schokolade macht glücklich!“

Tryptophan als Glücksbringer?

Man hat herausgefunden, dass bei Depressionen ein Mangel an Serotonin im Gehirn vorliegt. Erhöht man den Serotoninspiegel (z. B. durch die Einnahme von Antidepressiva), stellt sich wieder eine normale Stimmung ein. Ein erhöhter Serotoninspiegel ist Zeichen einer glücklichen Stimmung. Was liegt da näher, als die Menge an Serotonin, das häufig auch als „Glückshormon“ bezeichnet wird, durch die Ernährung zu erhöhen?

Da das Serotonin aus der Nahrung wegen der Blut-Hirn-Schranke nicht direkt ins Gehirn gelangen kann, hat man sich auf die Suche nach einer Vorstufe des Serotonins, das Tryptophan, konzentriert. Tatsächlich hat man herausgefunden, dass bestimmte Lebensmittel eine besonders große Menge dieser Aminosäure enthalten.

Zu diesen Nahrungsmitteln gehören zum Beispiel:

- ✓ Sojabohnen
- ✓ Cashew-Kerne
- ✓ Schokolade (Kakaopulver)
- ✓ Bananen
- ✓ Feigen

- ✓ Getrocknete Erbsen
- ✓ Hühnchenbrust

In einer Reihe von Ländern ist höher konzentriertes Tryptophan auch als rezeptpflichtiges „natürliches“ Antidepressivum erhältlich. Daneben gibt es eine ganze Reihe von Nahrungsergänzungsmitteln, die unterschiedlich große Mengen an Tryptophan enthalten.

Tipp:

Ein gesunder Mensch mit einem ganz normalen Ernährungsverhalten benötigt keine mit Tryptophan angereicherte Nahrung. Die zum Teil kostspieligen Nahrungsergänzungsmittel, die man in manchen Apotheken und im Internet kaufen kann, sind im Normalfall völlig überflüssig.
Sollte Ihr Arzt der Ansicht sein, dass Tryptophan für Sie nützlich sein könnte, wird er Ihnen ein Rezept ausstellen, mit dem Sie ein wirksames Tryptophan-Präparat in einer Apotheke erhalten.

Blutzucker und Stimmung
Auch der Blutzuckerspiegel hat einen direkten Einfluss auf die Stimmung und das Gemüt.

Sinkt er zu weit ab, können unter anderem folgende Symptome auftreten:

- ☹ Müdigkeit
- ☹ Reizbarkeit
- ☹ Schwindel
- ☹ Vergesslichkeit

Für einen ausgeglichenen Blutzuckerspiegel ist es wichtig, dass Sie vor allem solche Lebensmittel zu sich nehmen, die einen möglichst stabilen Blutzuckerspiegel erhalten. Dies sind Lebensmittel, die einen möglichst niedrigen Glykämischen Index (Glyx) haben.

Dazu gehören zum Beispiel:

- ✓ Getreideprodukte
- ✓ Vollkornprodukte (Nudeln, Reis, Brot)
- ✓ Hülsenfrüchte
- ✓ Gemüse
- ✓ Salat

Ungünstige Lebensmittel sind solche, nach deren Verzehr der Blutzuckerspiegel stark ansteigt und später wieder stark absinkt. Diese Lebensmittel haben einen hohen Glykämischen Index.

Dazu gehören zum Beispiel:

- ☹ Traubenzucker
- ☹ Raffinierter (weißer) Zucker
- ☹ Alle zuckerhaltigen Lebensmittel (auch gesüßte Getränke!)
- ☹ Weißes Mehl (Weißbrot)
- ☹ Geschälter Reis

Hinweis: Glyx-Diät ist keine Glücksdiät!

Die oft erwähnte Glyx-Diät hat, außer dem ähnlich klingenden Namen, nichts mit Glück zu tun. Glyx ist vielmehr die Abkürzung für den „Glykämischen Index“. Dieser Index gibt an, wie stark der Blutzucker nach dem Verzehr eines bestimmten Lebensmittels steigt. Ein hoher Glyx-Wert bedeutet also nicht mehr Glück! Im Gegenteil sollten Sie Lebensmittel mit einem niedrigen Glyx-Wert bevorzugen. Dazu gehören zum Beispiel Vollkornprodukte und Gemüse.

Vorsicht:

Der Verzehr von zuckerreichen und fetthaltigen Lebensmitteln ist bei nicht wenigen Menschen der Versuch, aus einer ungünstigen Stimmung und Unausgeglichenheit zu einem psychisch ausgeglichenen Zustand zu kommen.

Wenn das psychische Ungleichgewicht nicht zu groß ist und dies nicht allzu häufig vorkommt, kann das sogar funktionieren.

Tritt dieser Zustand aber regelmäßig auf, und wird das Essen als Trostspender oder Lustverstärker missbraucht, ist dies keine gute Lösung. Dann kommen nämlich zu den psychischen Problemen schnell noch die hinzu, die durch ungesundes Essen und Übergewicht hervorgerufen werden.

Niederländische Wissenschaftler erforschen seit einigen Jahren, den Zusammenhang zwischen Ernährung und der Fähigkeit, mit Stress umzugehen.

Auch hier scheint ein Zusammenhang zwischen Stimmung, Stressresistenz und Tryptophan zu bestehen.

Wollte man die Ergebnisse in einem Satz zusammenfassen, könnte man sagen, dass eine kohlenhydratreiche und eiweißarme Ernährung die Stimmung hob und die Testpersonen stressresistenter machte.

Eine Ernährung, die aus viel Getreide, Obst und Gemüse und sehr wenig Käse, Fleisch und Nüssen besteht, kann durchaus die Stimmung heben und sogar leichte Formen von Depressionen lindern.

Wichtig

Die hier genannten antidepressiven Wirkungen von Nahrungsmitteln sind für die Behandlung einer schweren oder mittelschweren Depression nicht ausreichend. Sollten Sie selbst, jemand aus Ihrer Familie oder in Ihrem Bekanntkreis mehr als zwei Wochen unter Traurigkeit, Müdigkeit, Lustlosigkeit, Desinteresse oder Verzweiflung leiden, kann dies ein Zeichen für eine ernste Depression sein.

Es sollte dann sofort ein Arzt aufgesucht werden. Depressionen können mit Medikamenten und/oder Psychotherapie gut behandelt werden. Umso früher damit begonnen wird, umso erfolgreicher und schneller wirkt die Behandlung.

Glücksbringer: Genießen

Genießen macht glücklich. Doch Genießen ist gar nicht so einfach, wie man denkt.

Die Fähigkeit zum Genießen ist nicht jedem in gleichem Maße gegeben. Und viele verlernen es im Laufe des Lebens, weil sie meinen, keine Zeit oder kein Recht auf Genuss zu haben.

Tatsächlich hasten viele von einer Aufgabe zur nächsten, ohne jemals innezuhalten und sich an dem bereits Erreichten zu erfreuen.

Einige Menschen opfern sich auch für andere auf und stellen ihr eigenes Glück immer hinten an. Andere haben so hohe Ansprüche an sich selbst, dass sie diese nie erreichen können und deshalb nie zufrieden mit sich sind.

Oftmals werden Genussmomente auch immer wieder verschoben. Die Gedanken lauten dann etwa: „Wenn ich erst einmal …"

Tatsächlich tritt dieses „wenn" dann aber niemals ein, oder der richtige Zeitpunkt, um das Leben zu genießen, ist dann vorbei.

Andere fixieren sich so stark auf eine einzige Art von Genuss (z. B. Essen), dass der Genuss zur Qual oder zur Sucht wird.

Sie sehen also, es ist gar nicht so einfach, wirklich genießen zu können. Schauen wir uns doch einmal an, was man alles genießen kann:

☺ Ruhe/Stille

☺ gutes Essen

☺ einen guten Wein

☺ Musik

☺ Sonne / Wärme

- ☺ die Natur
- ☺ Düfte
- ☺ eine Massage
- ☺ den Feierabend
- ☺ die Mittagspause
- ☺ einen schönen Kinofilm
- ☺ einen Abend zu Hause auf der Couch
- ☺ einen Spaziergang im Schnee
- ☺ Kuscheln und/oder Sex
- ☺ einen heißen Kakao
- ☺ einen Museumsbesuch
- ☺ ein anregendes Gespräch mit einem Freund

Es gibt sicher noch viele weitere Dinge, die man genießen kann. Das, was jeder als Genuss empfindet, ist von Mensch zu Mensch unterschiedlich.

Manche Genüsse teilt man mit anderen oder sie werden sogar erst durch die Interaktion mit anderen zum Genuss. Auf der anderen Seite gibt es für jeden Menschen Genüsse, die für seine Mitmenschen völlig unverständlich bleiben.

So genießen es manche, im Winter in einem zugefrorenen See zu baden, andere stürzen sich mit einem Fallschirm auf dem Rücken von einer Bergspitze Hunderte von Metern in die Tiefe. Sie sehen, darüber, was Genuss ist, kann man einer Meinung sein, muss es aber nicht immer ;-)

So kann man das Genießen trainieren

Vieles von dem, was man zum Thema Genusstraining lesen kann, ist im Grunde nichts anderes, als das, was der Meditierende *Achtsamkeit* nennt. Der Einsatz aller Sinne und das bewusste Tun sind wichtige Elemente des Genießens.

Besonders leicht lässt sich dies am Beispiel von Essen und Trinken zeigen.

Wer seine Mahlzeiten hektisch in sich reinschlingt und dabei mehr die Menge der aufgenommenen Kalorien im Sinn hat als den Geschmack, der verpasst beim Essen alles, was Genuss ausmacht.

Das beginnt schon bei der Auswahl der Speisen und Getränke. Man kann einfach blind das teuerste oder das billigste Menü bestellen, oder man wählt seine Bestellung nach Kriterien wie Frische, lokaler Ursprung und biologischem Anbau aus.

Das Gleiche gilt für die Getränke. Wer der Ansicht ist, dass ein Rotwein ohnehin schmeckt wie der andere, beraubt sich selbst eines großen Teils des Genusses.

Das setzt sich beim eigentlichen Essen und Trinken weiter fort. Wer wirklich genießen will, muss sich für beides ausreichend Zeit nehmen. Nehmen Sie sich Zeit, die Mahlzeit mit allen Sinnen aufzunehmen. Dazu gehört, zum Beispiel auch mit dem Geruchssinn genau wahrzunehmen, was man da isst oder trinkt.

Tipp

Wie bei allem, was man neu erlernt, ist auch das achtsame Riechen und Schmecken reine Trainingssache. Umso häufiger man es tut, desto leichter fällt es.

Es ist also auch hier unter Umständen zu Beginn ein wenig Durchhaltevermögen erforderlich, um später die Früchte der Anstrengungen ernten zu können.

Dazu gehört auch, dass man das Essen nicht verschlingt, sondern langsam und bewusst in den Mund nimmt und versucht, möglichst genau zu schmecken, welche Aromen, Gewürze, Marinaden oder Soßen man da gerade zu sich nimmt.

Natürlich ist das bewusste (oder achtsame) Essen und Trinken nur ein Beispiel dafür, wie wir die angenehmen Dinge im Leben intensiver erleben und genießen können.

Im Grunde können Sie alles, was Sie tun auf diese bewusste, achtsame Art und Weise tun. Die Vertreter der Achtsamkeitsmeditationen empfehlen genau das, um glücklicher zu werden!

In der Praxis ist das natürlich nicht ganz so einfach durchzuhalten. Vielleicht beginnen Sie einfach einmal damit, die schönen Dinge im Leben weniger hektisch, dafür aber bewusster und intensiver wahrzunehmen. Auf diese Weise haben Sie schon einen wichtigen Schritt zu mehr Achtsamkeit in Ihrem Leben getan. Gleichzeitig bemerken Sie so besser, dass Sie etwas genießen. Das macht mit ein wenig Übung auch richtig Spaß und letztlich auch ein wenig glücklicher.

Tipp

Gutes und schmackhaftes Essen muss nicht teuer sein. Fernsehköche machen es häufig vor: Sie zaubern zum Preis der Mahlzeit eines Fast-Food-Unternehmens gute Gerichte, die wohlschmeckende, frische Zutaten enthalten.

Mit ein wenig Übung kann das jeder. Es gibt also keine Ausrede ;-)

Glücksbringer: Schädliche Gedanken aufgeben (und gute pflegen)

Wir haben ja bereits gesehen, dass unsere Stimmung durch unsere Gedanken beeinflusst wird. Jetzt wollen wir uns einmal anschauen, woher die ungünstigen Gedanken kommen und wie wir sie durch nützliche Gedanken ersetzen können.

Dabei spielen vor allem die Erkenntnisse aus einem Teilbereich der Glücksforschung eine wichtige Rolle.

Die sogenannte *Positive Psychologie* ist eine Strömung innerhalb der psychologischen Forschung, die von dem amerikanischen Psychologen Martin Seligman begründet wurde.

Im Gegensatz zur konventionellen Psychologie, die ihre Aufmerksamkeit vor allem auf die krankhaften und problematischen Aspekte der Persönlichkeit richtet, befasst sich die Positive Psychologie mit den positiven Aspekten der menschlichen Persönlichkeit. Dazu gehören zum Beispiel:

- ☺ Glück
- ☺ Optimismus
- ☺ Vertrauen
- ☺ Geborgenheit
- ☺ Solidarität
- ☺ Zufriedenheit
- ☺ Motivation

Die Positive Psychologie untersucht, wie gute und hilfreiche Gedanken und Emotionen entstehen, indem sie die Gedanken, Einstellungen und Bewältigungsstrategien glücklicher und zufriedener Menschen untersucht.

Erlernte Hilflosigkeit

Eine wichtige Erkenntnis, auf die Seligmann bei seinen Forschungen gestoßen ist, hat etwas mit der Erwartungshaltung und Einstellungen zu tun, mit denen verschiedene Menschen dem Leben und seinen Problemen begegnen.

Er fand heraus, dass glücklichen Menschen im Zweifelsfalle davon ausgehen, dass sie das gewünschte Ergebnis mit ihren Mitteln auch erreichen würden (Optimisten).

Die weniger glücklichen Menschen nehmen hingegen an, dass ihre Einflussmöglichkeiten gering sind und dass ohnehin nicht mit einem positiven Ausgang zu rechnen sei (Pessimisten).

Seligmann beschreibt dieses Phänomen als „Erlernte Hilflosigkeit".

Ein Experiment

Um zu verdeutlichen, was damit gemeint ist, schauen wir uns einmal das folgende Experiment an:

Für das Experiment wurde ein Fisch in ein Aquarium eingesetzt. Dort zog er seine Kreise, indem er an den Glaswänden entlang schwamm und so das ganze Aquarium erkundete.

Nach ein paar Tagen setzten die Wissenschaftler eine Glasscheibe ein, die das Aquarium in der Mitte teilte.

Der Fisch stieß einige Male gegen das ungewohnte Hindernis, um dann seine Kreise in dem jetzt nur noch halb so großen Aquarium zu ziehen.

Einige Tage später teilten die Forscher auch die verbliebende Hälfte des Aquariums mit einer weiteren Glasscheibe. Auch hier stieß der Fisch einige Male dagegen, bevor er dann seine Runden in dem nun sehr kleinen übrig gebliebenen Freiraum zog.

Nach einiger Zeit wurden beide Trennscheiben entfernt, sodass für den Fisch nun wieder das ganze Aquarium zugänglich war. Erwartet wurde nun, dass der Fisch seinen neu gewonnenen Freiraum nutzen würde.

Zum nicht geringen Erstaunen der Wissenschaftler tat er dies aber nicht. Stattdessen hielt sich der Fisch nach wie vor, ausschließlich in dem zuletzt abgeteilten Viertel des Aquariums auf. Er unternahm noch nicht einmal einen Versuch, in die nun wieder zugänglichen Teile des Aquariums zu gelangen.

Er hatte gelernt, dass dies nicht möglich war, und behielt diese Überzeugung, auch nachdem die Hindernisse entfernt worden waren.

Das Experiment wurde sogar noch verschärft, indem man in den zuvor gesperrten Bereich des Aquariums zusätzlich einen kleinen Fisch einsetzte, der in das Beuteschema des großen passte.
Selbst in dieser Situation unternahm der größere Fisch keinen Versuch, zu seiner potenziellen Beute zu gelangen. Wahrscheinlich wäre er verhungert, obwohl eine fette Mahlzeit direkt vor seiner Nase schwamm.

Martin Seligman hat für Effekte dieser Art die Bezeichnung „Erlernte Hilflosigkeit“ geprägt.
Er geht davon aus, dass diese erlernte Begrenzung der eigenen Möglichkeiten im übertragenen Sinn auch beim Menschen anzutreffen ist.

Seiner Meinung nach haben viele Menschen in ihrem bisherigen Leben gelernt, dass sie keinen oder nur sehr geringen Einfluss auf ihr Schicksal haben. Ist so eine Einstellung stark ausgeprägt, bezeichnet man die Person als Pessimist. Pessimisten gehen häufig davon aus, dass sie Aufgaben und Probleme nicht bewältigen können, und dass sie mit ihrem Handeln nichts oder nur wenig bewirken.

Bei Optimisten ist das Gegenteil der Fall. Sie haben gelernt, dass sie Aufgaben oder Probleme durch tatkräftiges Handeln bewältigen bzw. lösen können.

So gehen Optimisten davon aus, dass eine Aufgabe zu bewältigen ist und die Pessimisten (die mit der erlernten Hilflosigkeit) nehmen bei der gleichen Aufgabe das Gegenteil an.

Dabei gehen den Optimisten und den Pessimisten die folgenden oder ähnliche Gedanken durch den Kopf:

Optimisten:

- ☺ Das wird schon klappen.
- ☺ Das schaffe ich schon.
- ☺ Das haben schon Dümmere geschafft.

Pessimisten:

- ☹ Das funktioniert sowieso nicht.
- ☹ Ich kriege das einfach nicht hin.
- ☹ Bei mir klappt das nie.

Die Optimisten sind mit ihrer Vorgehensweise natürlich wesentlich erfolgreicher. Selbst in fast aussichtslosen Situationen versuchen sie wenigstens, aktiv eine Lösung zu finden.

Für die Glückssuchenden hat die Positive Psychologie die gute Nachricht, dass eine - oft bereits in der Kindheit - erlernte Hilflosigkeit, auch wieder verlernt werden kann.

Leider ist dieser Prozess für den Erwachsenen deutlich mühsamer als das Lernen in der Kindheit. Bei vielen Betroffenen sind die Mechanismen von Erwartung, Handeln, Aufgeben und Weitermachen sehr tief verwurzelt.

Es braucht also Willenskraft und Ausdauer, um die Welt (wieder) mit anderen Augen zu betrachten.

Sie werden auch bei sich selbst immer wieder feststellen, dass sich fast unbemerkt negative Gedanken in Ihr Denken schleichen.

Machen Sie sich deshalb keine Sorgen. Solche Gedanken hat jeder Mensch. Das ist nicht weiter schlimm. Trotzdem stehen diese schädlichen Gedanken unserem Glück im Wege, weshalb wir sie schnellstens loswerden sollten. Schauen wir uns doch einmal, an welche negativen Gedanken bei den meisten Menschen im Kopf herumspuken.

Gedanken der Entmutigung:

Manche Gedanken haben keinen anderen Zweck als uns selbst zu entmutigen.

Dazu gehören zum Beispiel solche, wie die Folgenden:

☹ Das schaffe ich nicht.

☹ Das hat alles keinen Sinn.

☹ Das funktioniert sowieso nicht.

☹ Bei mir bringt das nichts.

Gedanken der Selbstabwertung:

☹ Dafür bin ich nicht gut genug.

☹ Das kann ich nicht.

☹ Ich bin ein Idiot.

☹ Dafür bin ich zu alt.

☹ So was Blödes kann nur mir passieren.

☹ Ich hab‘s auch nicht anders verdient.

Besonders unangenehm sind diese schädlichen Gedanken auch deshalb, weil sie uns mutlos, traurig, ängstlich oder wütend machen. Es sind also echte „Glückskiller“, weshalb wir uns damit beschäftigen sollten, wie man sie wieder los wird, oder ihnen zumindest weniger Beachtung schenkt.

Eine Möglichkeit dazu besteht darin, negative Gedanken und Emotionen möglichst gar nicht erst entstehen zu lassen. Wenn das nicht möglich ist, sollten sie auf keinen Fall beachtet oder gar weiter verfolgt werden.

Das Problem: Schädliche Gedanken verstärken sich selbst. Umso häufiger und umso intensiver wir schädliche Gedanken zulassen, desto besser lernt unser Gehirn, in diesen Strukturen zu denken.

Das Gleiche gilt auch umgekehrt: Das Denken positiver Gedanken trainiert das positive Denken!

Jeder positive Gedanke und auch jeder negative, der bewusst vermieden wird, ist also eine gute Investition in die Zukunft.

Die Gedanken in die richtige Richtung lenken:

Doch wie kann man die eigenen Gedanken in eine gewünschte Richtung lenken? Kommen die negativen Gedanken nicht immer von selbst? Und kann man dann überhaupt etwas anderes tun, als sich damit zu beschäftigen?

Tipp:

Alles, womit wir uns intensiv beschäftigen, rückt in den Fokus der Wahrnehmung. Das gilt im Positiven wie auch im Negativen.

Denken wir intensiv über angenehme Dinge nach, empfinden wir mehr Glück. Bei der Beschäftigung mit negativen, bedrohlichen oder ärgerlichen Dingen, nehmen diese einen größeren Teil unseres Denkens und Empfindens ein.

Ein gutes Beispiel dafür ist der Schmerz. Umso mehr unsere Gedanken darauf fokussiert sind, desto stärker wird er empfunden. Ist man vollständig mit etwas Anderem beschäftigt, erscheint der Schmerz geringer, oder wird vorübergehend ganz vergessen.

Leider ist der menschliche Verstand so beschaffen, dass negative Impulse automatisch stärker beachtet werden als positive. Der Grund hierfür liegt darin, dass es in der Menschheitsgeschichte für das Überleben wichtig war, jederzeit auf Gefahren und Bedrohungen reagieren zu können.

Unglücklicherweise arbeitet dieser Mechanismus aber auch dann, wenn wir objektiv gar nicht in Gefahr sind. Das führt dann dazu, dass es oft so viel einfacher scheint, sich zu grämen als sich zu freuen.

Ohne aktives Eingreifen wird sich daran auch nichts ändern. Wir müssen unsere Gedanken also aktiv weg vom Negativen hin zu den guten Seiten des Lebens lenken.

Es gibt verschiedene Wege, die Gedanken auf positivere Dinge zu lenken.

Dankbarkeit:

Lesen Sie dazu auch das Kapitel: „Glücksbringer: Dankbarkeit“.

Eine einfache Methode besteht darin, ein oder zweimal am Tag innezuhalten und für die guten Dinge zu danken, die es in unserem Leben gibt.

Manche Menschen tun das in Form eines Gebetes, andere während einer Meditation und viele andere ohne feste Form. Sie müssen Ihren Dank nicht an Gott senden (obwohl das wahrscheinlich keine so schlechte Adresse dafür wäre). Wichtig ist, dass Sie sich ein wenig Zeit nehmen und darüber nachdenken, wofür Sie in Ihrem Leben generell oder am aktuellen Tag besonders dankbar sein können.

Suchen Sie nicht nach außergewöhnlichen Gründen wie einem 6er im Lotto. Danken Sie für die vielen für uns völlig selbstverständlichen Dinge wie ausreichende Nahrung, ein Dach über dem Kopf, für Ihre Familie, Ihren Job und so weiter. Ganz gleich, wofür Sie dankbar sind. Es lenkt Ihre Gedanken automatisch auf die positiven Aspekte Ihres Lebens.

Affirmationen:

Wir haben das Thema Affirmationen ja bereits angesprochen. Affirmationen sind immer dann besonders hilfreich, wenn es darum geht, ungünstige Gedanken und Einstellungen durch günstigere zu ersetzen. Dabei erweisen sich Affirmationen als äußerst effektiv.

Dass Affirmationen ihre Wirkung nicht verfehlen, kann man leicht daran erkennen, dass sie sehr erfolgreich in der Werbung eingesetzt werden. Auch dort werden Produktnamen und tatsächliche oder angebliche Eigenschaften von Produkten so lange wiederholt, bis jeder davon überzeugt ist, dass Produkt X das Einzige mit der Riesenwaschkraft ist ;-)

Für unsere Zwecke sind Affirmationen also bestens geeignet. Mit ihrer Hilfe ist es möglich, die Gedanken gezielt und bewusst auf bestimmte Themen zu lenken.

Typische Affirmationen könnten sein:

☺ Ich werde geliebt. Ich bin liebenswert.

☺ Ich liebe und werde geliebt.

☺ Ich liebe den Weg so sehr wie das Ziel.

☺ Ich glaube an mich und meinen Weg.

☺ Ich bin entspannt.

☺ Ich bin ruhig und entspannt.

☺ Ich atme tief und ruhig.

☺ Ich habe viele Gründe, dankbar zu sein.

☺ Ich bin bereit, mich zu verändern.

☺ Ich bin ein guter Mensch.

☺ Ich freue mich auf diesen Tag.

☺ Heute bin ich ruhig und freundlich.

Sie sehen, diese Liste könnte man endlos fortführen. Welche Affirmationen man letztlich auswählt, spielt keine Rolle.

Es sollten nur solche sein, die uns auf dem Weg zu mehr Ruhe und Zufriedenheit weiterbringen.

Denken Sie daran, es nicht am wichtigsten, dass die Affirmation bereits wahr ist. Es ist ja gerade das Ziel der Affirmation, dass sie durch häufige Wiederholung zur Wahrheit wird.

Glücksbringer: Andere glücklich machen!

Zitat:

„Der beste Weg, sich selbst zu beschenken, ist: einem anderen eine Freude zu bereiten."
(Mark Twain)

Helfen macht glücklich. Das ist das Ergebnis einer ganzen Reihe von Studien. Demnach ist (ehrenamtliches) Helfen ein klassisches Beispiel für eine sogenannte Win-win-Situation.

Unter Win-Win (von engl. to win = gewinnen, einen Vorteil aus etwas ziehen) versteht man Konstellationen, bei denen zwei oder mehr Parteien eine Lösung finden, aus der alle Vorteile ziehen und keiner benachteiligt wird.

Beim Thema Helfen ist genau das der Fall. Neben dem Geholfenen profitiert hiervon auch der Helfer selbst.

In mehreren groß angelegten Studien fand man heraus, dass Menschen, die einer ehrenamtlichen oder uneigennützigen Tätigkeit nachgehen, im Schnitt deutlich glücklicher waren, als der Durchschnitt der Bevölkerung.

Einige Studien wiesen sogar nach, dass die Helfer im Schnitt eine längere Lebenserwartung hatten als die Probanden, die keiner Hilfstätigkeit nachgingen.

Die untersuchten Personen gaben an, dass ihre Hilfstätigkeit zu ihren beliebtesten Beschäftigungen gehörte. Sie freuten sich bereits im Voraus auf den jeweils nächsten Termin.

Beispiele für ehrenamtliche Hilfstätigkeiten:

☺ in einer Suppenküche oder Tafel mitarbeiten

☺ Menschen in einem Altenheim besuchen

☺ Patienten in einem Krankenhaus betreuen

☺ regelmäßig mit einem Hund aus dem Tierheim spazieren gehen

☺ in einem Jugendzentrum mitarbeiten

☺ bei der freiwilligen Feuerwehr mitmachen

☺ bei der Deutschen Lebens-Rettungs-Gesellschaft (DLRG) mitmachen

☺ bei gemeinnützigen Organisationen mitarbeiten (Rotes Kreuz, Johanniter, Malteser, Arbeiter-Samariter-Bund etc.)

☺ bei der Caritas / Diakonie mithelfen

☺ bei der Telefonseelsorge mitarbeiten

☺ in einem Hospiz mitarbeiten

☺ einem hilfsbedürftigen Menschen in Ihrer Nachbarschaft helfen

Neben dem Gefühl, etwas Gutes getan zu haben, haben ehrenamtliche Helfertätigkeiten auch noch weitere positive Effekte. So berichten viele Helfer, dass sie durch ihre Tätigkeit, Kontakte zu anderen Menschen knüpfen konnten.

Allerdings sind nicht alle Formen des Helfens gleich günstig für die eigene Zufriedenheit. Je näher der Helfende den Hilfsempfängern kommt, desto befriedigender ist seine Arbeit. Das heißt, wer hautnah miterlebt, wie seine Hilfe Freude und Dankbarkeit auslöst, hat mehr davon, als der, der eine Überweisung auf ein Spendenkonto vornimmt.

Eine Ausnahme bilden jedoch Hilfestellungen in der eigenen Familie. Interessanterweise sind die Glückseffekte dort geringer, als beim Helfen von Fremden. Ein Grund könnte sein, dass die Hilfe in der Familie nicht freiwillig ist und deshalb eher als (unangenehme) Verpflichtung wahrgenommen wird.

Tipp:

Im Internet finden Sie auf vielen Seiten Listen, in denen Sie sekundenschnell herausfinden können, welche Möglichkeiten für ehrenamtliches Helfen es in Ihrer Nähe gibt.

Eine interessante Alternative stellen auch Hilfsprojekt im Ausland dar. Wenn Sie dort mithelfen, lernen Sie ganz nebenbei auch noch die Sprache sowie Land und Leute kennen.

Helfen statt Kaufen

Helfen stellt im Gegensatz zu einem materiellen Trostpflaster eine Möglichkeit dar, ohne finanziellen Aufwand dauerhaft mehr Glück in unser Leben zu bringen. Denn das, was wir so verzweifelt suchen, ist ganz leicht erhältlich. Je mehr man davon verschenkt, desto mehr bekommt man zurück. Freude und Glück sind wie ein Bumerang, sie kommen immer wieder zu uns zurück.

Anderen eine Freude machen:

- ☺ Es macht Spaß zu sehen, wie sich andere freuen.
- ☺ Es tut gut, dazu beitragen zu können.
- ☺ Es lenkt von den eigenen Sorgen ab.
- ☺ Es lässt die eigenen Sorgen in einem ganz anderen Licht erscheinen.
- ☺ Es lässt uns dankbar sein für all das Gute, das es in unserem Leben gibt.

☺ Es lässt uns weniger einsam sein.

☺ Wir bekommen Dank, Zuneigung und ein gutes Gefühl.

ZU GUTER LETZT

Ein glückliches Leben hängt direkt mit unseren Einstellungen zusammen. Wir können entscheiden, wie wir die Welt sehen wollen. Unsere Einstellungen beeinflussen unmittelbar den Grad an Zufriedenheit und Glück, mit dem wir unser Leben leben.

Es gibt nicht DIE Wirklichkeit. Vielmehr entsteht die Perspektive, aus der wir die Welt betrachten, und erleben zunächst nur in unseren Köpfen. Ein Beweis dafür ist die Tatsache, dass die gleichen äußeren Umstände von verschiedenen Menschen völlig unterschiedlich erlebt und bewertet werden können.

Sie können also lernen, die Welt und Ihr Leben in einem positiveren, entspannteren und stressfreieren Licht zu sehen. Das wird natürlich nicht einfach. Schließlich hatte die von Sorgen und Ängsten geprägte bisherige Perspektive viele Jahre Zeit, sich tief in Ihr Gehirn einzugraben. Es ist nicht leicht, solche Gewohnheiten wieder loszuwerden!

Aber nichtsdestotrotz ist es möglich! Sie können ein neues Kapitel in Ihrem Leben beginnen. Am besten Sie fangen sofort damit an, denn umso öfter Sie die Welt und Ihr Leben in einem positiven Licht betrachten, umso leichter und wirkungsvoller wird es Ihnen gelingen.

Veränderungen brauchen Zeit. Verhaltensweisen und Einstellungen, die sich über viele Jahre entwickelt haben, können nicht innerhalb einiger Tage oder Wochen völlig verändert werden.

Bestimmte Fähigkeiten (zum Beispiel Sozialkompetenz) müssen oftmals erst langsam wieder neu erlernt werden. Je häufiger diese Fähigkeiten trainiert werden, desto leichter wird es im Laufe der Zeit. Um dauerhafte Veränderungen zu erreichen, muss man sich eben manchmal zunächst „zu seinem Glück zwingen".

Sie können nicht alle Glückstipps gleichzeitig beherzigen (das kann niemand!). Es ist auf jeden Fall besser, einen oder zwei Vorschläge wirklich zu umzusetzen, als 5 oder 10 nur halbherzig. Setzen Sie sich nicht unter Druck, nehmen Sie sich die Zeit, die Sie brauchen.

Nicht jeder „Glücksbringer" ist für jeden geeignet. Während die einen es lieben, jeden Abend Eintragungen im Glückstagebuch vorzunehmen, finden andere diese Prozedur viel zu lästig. Spätestens, wenn Sie bemerken, dass es Ihnen zu schwerfällt, einen Glückstipp zu beherzigen, sollten Sie darüber nachdenken, ob diese Methode zu Ihnen passt.

Insbesondere sollten Sie kein schlechtes Gewissen haben, wenn Sie einen Vorsatz nicht durchhalten. Denn das würde sich sicher nicht positiv auf Ihr Glücksempfinden auswirken.

ANHANG

Ein guter Rat vom Dalai Lama

Ich möchte den ernsten Teil des Buches mit einem Zitat des Dalai Lama beschließen, das alles Wesentliche in klaren und einfachen Worten ausdrückt:

Zitat des Dalai Lama:

„Der entscheidende Schlüssel zum Glück ist, mit dem zufrieden zu sein, was man im Augenblick ist und hat. Diese innere Zufriedenheit verändert Ihren Blick auf die Dinge, sodass Ihr Geist in Frieden verweilen kann. Wir können nicht glücklich werden, wenn wir unsere Illusionen der Wirklichkeit vorziehen. Die Wirklichkeit ist weder gut noch schlecht. Die Dinge sind, wie sie sind, und nicht, wie wir sie gerne hätten. Dies zu begreifen und zu akzeptieren ist der Schlüssel zum Glück. Wir sollten unser Leben nach echten Werten ausrichten, die unserer Existenz einen Sinn verleihen und nicht nach vergänglichen weltlichen Vergnügungen, die uns letztlich unserem Sein entfremden. Unser oberstes Ziel dabei sollte es sein, anderen Wesen zu helfen. Wenn es uns schwierig erscheint, anderen zu helfen, versuchen Sie doch, sich als intelligenter Egoist zu verhalten. Anderen Gutes zu tun, schafft positive Beziehungen und günstige Umstände, die Ihnen am Ende selbst zugutekommen werden. Es gibt keine großen und kleinen Akte der Güte. Immer, wenn wir aus Güte handeln, tragen wir unseren Teil zum Weltfrieden bei. Das einzig Wichtige ist letztlich, dass wir für andere da sind und das Glück, das hieraus entsteht, genießen können. Denn Mitgefühl für andere Wesen ist die höchste aller menschlichen Tugenden."

(Tenzin Gyatso, 14. Dalai Lama)

10 Tipps, wie man garantiert UNglücklich wird

Im Folgenden finden Sie 10 nicht ganz ernst gemeinte Regeln, mit deren Hilfe man garantiert unglücklich werden kann. Halten Sie sich also bitte nicht daran, es sei denn, Sie leiden unter zu viel Glück ;-)

Methode 1: Alles schlechtreden

Diese Methode funktioniert fast immer. Man sucht sich einen beliebigen Teil des eigenen Lebens heraus und listet so lange negative Eigenschaften auf, bis man das Gefühl hat, mit diesem Teil der eigenen Biografie niemals glücklich werden zu können. Das gelingt übrigens auch mit fast allen anderen Themen. Die Wirtschaft? Desaströs! Die heutige Jugend? Restlos verdorben! Selbst Erfolge und gute Nachrichten lassen sich so umgehend in Katastrophenmeldungen verwandeln. Wenn Sie selbst diese Methode noch nicht perfekt beherrschen, werfen Sie täglich einen Blick in Zeitungen und Nachrichtenmagazine. Hier zählen nur fatale Meldungen und was nicht in dieses Schema passt, wird passend gemacht.

Methode 2: Hellsehen

Bei dieser Methode geht es darum, sich auszumalen, was ein Gesprächspartner, Lebenspartner, Nachbar oder Freund wahrscheinlich denkt, bevor er es wirklich ausgesprochen hat. Denkt man lange genug darüber nach, stellt man fest, dass man im Grunde gar keine Antwort braucht. Man weiß sowieso schon, dass von dem Anderen eine negative Reaktion kommen wird.

Sollte sich herausstellen, dass der Andere wider Erwarten positiv reagiert, beginnt man darüber nachzudenken, welch diabolischen Plan die falsche Schlange mit der Lüge verfolgt.

Methode 3: Konzentration auf einen kleinen Mangel

Diese Technik beherrschen die meisten Erwachsenen perfekt. Man sucht sich einen kleinen Mangel (zum Beispiel eine defekte Glühbirne im Urlaubs-Luxus-Appartement) und richtet die ganze Aufmerksamkeit darauf. Das Ganze bespricht man dann noch ausführlich mit den Mitreisenden und beschwert sich bei der Reiseleitung. Schon nach kurzer Zeit erscheint einem der 5-Sterne Urlaub wie eine Zumutung und ist verdorben. Ähnliche Effekte lassen sich im Urlaub auch dadurch erreichen, dass in 3 Kilometer Entfernung beim seitlichen Blick vom Balkon ein Baukran zu erkennen ist, oder dass der Weg zum Strand statt angegebener 300 Meter mindestens 350 Meter weit ist.

Methode 4: Konzentration auf den eigenen Körper

Diese Methode ist eine Variante von Methode 3 und funktioniert genauso zuverlässig. Hier wählt man einen Teil des Körpers, der so lange beobachtet wird, bis in ihm irgendetwas geschieht. Das kann ein merkwürdiges Gefühl sein, ein Juckreiz oder ein kurzes Zucken. Richtet man nun seine gesamte Aufmerksamkeit auf das Phänomen, dauert es nicht lange, bis es sich wiederholt. Spätestens jetzt sollte - sofern nicht schon längst geschehen - der *Pschyrembel* oder ein anderes medizinisches Nachschlagewerk hervorgeholt werden. Unterstützt durch eine intensive Internet-Recherche findet man sobald heraus, dass man nur noch wenige Tage zu leben hat und wahrscheinlich schon vorher qualvoll zugrunde gehen wird.

Methode 5: Überzeugen Sie sich davon, dass Ihr Projekt scheitern wird

Es gibt einen netten Sinnspruch, der in etwa so lautet: „Egal, ob du glaubst, dass du es schaffst oder dass du es nicht schaffst. Du wirst in jedem Fall recht behalten.“

Um also recht unglücklich zu werden, reicht es meist, sich selbst davon zu überzeugen, dass man scheitern wird. Dazu ist es hilfreich alle Argumente zu sammeln, die dagegen sprechen, dass man es schaffen könnte. Machen Sie sich klar, dass Sie ohnehin zu dumm (wahlweise zu unattraktiv, zu unerfahren) oder anderweitig ungeeignet sind, die vor Ihnen liegende Aufgabe zu bewältigen.

Hilfreich ist es auch, erst einmal alle Argumente zu sammeln, warum man besser erst gar nicht beginnt. Dann gerät man garantiert nicht in Gefahr, dass es wider Erwarten doch klappen könnte!

Methode 6: Bestehen Sie darauf, dass alles so sein muss, wie es sein sollte

Diese Methode wird von vielen Erwachsenen bis in hohe Alter mit fast perfekter Zuverlässigkeit angewendet. Sie ist im Grunde ganz einfach. Man muss lediglich bei allem, was einem im Leben begegnet, darauf bestehen, dass es genau so zu sein hat, wie man es selbst für richtig hält.

Sehr viel Freude macht es zum Beispiel Autofahrer anzuschwärzen, die es wagen, ihr Fahrzeug auf einem Parkplatz zu entladen, der dafür eigentlich nicht vorgesehen ist. Dabei spielt es keine Rolle, dass es sich dabei um die alleinerziehende Nachbarin handelt, die immer freundlicherweise die Post für einen selbst entgegennimmt. Ganz im Gegenteil gerade hier kommt es auf Korrektheit an! Was wäre, wenn das jeder machen würde …?

Methode 7: Ich bin einfach ein Besserwisser

… weil ich alles besser weiß! Was soll man da noch ergänzen? Die meisten Menschen warten nur sehnlichst darauf, dass ihnen jemand beweist, dass sie im Unrecht sind. Deshalb sollte man auch bei den kleinsten Unkorrektheiten sofort einschreiten und alle Beteiligten darüber aufklären, wie der tatsächliche Sachverhalt aussieht. In der Regel gibt es dann ein großes Hallo und Sie haben wieder ein paar Freunde fürs Leben gewonnen. Um den Effekt zu optimieren, belehrt man die Mitmenschen am besten öffentlich, zum Beispiel über Facebook. Umso peinlicher es für den Belehrten ist, desto besser für Sie!

Methode 8: Verherrlichen Sie die Vergangenheit

Eine äußerst wirksame Methode, die mit zunehmenden Alter immer häufiger zum Einsatz kommt. Bei dieser Methode denken Sie so lange über die Vergangenheit nach, bis diese in Ihrer Erinnerung wie ein Leben im Paradies erscheint. Natürlich ging es dann bis zum heutigen Zeitpunkt nur noch bergab, weshalb heute alles schlechter ist, als es früher einmal war.

Merke: Früher war alles besser, sogar die Zukunft!

Methode 9: Die richtige Arbeitsmenge

Nehmen Sie sich grundsätzlich immer so viel vor, dass Sie es garantiert nicht schaffen können.

Diese Methode funktioniert in fast allen Lebensbereichen. Ganz gleich, ob es ein Einser-Abitur werden soll, ein Summa cum Laude-Studium, mit 40 die zweite Million, oder einfach nur in vier Wochen 15 Kilo abnehmen. All diese Ziele haben eins gemeinsam: Sie sind für die allermeisten von uns nicht erreichbar. Und es gibt nicht viele

Dinge, die zuverlässiger unglücklich machen als das Gefühl, es mal wieder nicht geschafft zu haben.

Damit die Methode auch ganz sicher funktioniert, sollte sie auf keinen Fall durch Hilfsmittel wie die Aufteilung des Zieles in kleinere, einzelne Etappen oder Ähnliches verwässert werden.

Methode 10: Vorsicht, wenn man Sie lobt

Manche Zeitgenossen versuchen sich bei Ihnen anzubiedern, indem sie nette Dinge über Ihr Aussehen, Ihre Arbeit, Ihre Kinder oder über den neuen Wagen sagen. Hüten Sie sich davor!

Das Lob resultiert entweder daraus, dass man Sie verwechselt oder dass jemand dem Irrtum einer völlig unrealistischen Einschätzung Ihrer Leistungen unterliegt. Vielleicht ist das Lob auch eine Art Mitleid, das man jemanden zuteilwerden lässt, der schon ganz unten ist. Und wenn nicht, was nutzt schon ein Lob von jemandem der so dumm ist, <u>Sie</u> zu loben ;-)

Ich wünsche Ihnen alles Gute und vor allem ganz viel Glück!

Ihr Alexander Stern

Kontakt

Haben Sie eine Frage oder eine Anregung? Wir freuen uns darauf, von Ihnen zu hören.

Wenn Ihnen das Buch gefallen hat, freuen wir uns natürlich auch immer sehr über eine positive Bewertung bei Ihrem Buchhändler. Schon im Voraus vielen Dank dafür :-)

Bitte senden Sie Ihre Fragen oder Vorschläge an:

Zebrabuch

Auf dem Kamp 15

51645 Gummersbach

Stichwort: Glück

Per E-Mail:

info@zebrabuch.de

oder direkt an:

alexander.stern@zebrabuch.de